# 日本古代史を生きた人々

## 里の民・都市の民・山海の民

新川登亀男【著】

大修館書店

日本古代史を生きた人々　里の民・都市の民・山海の民　目次

# 序章　古代史を切り拓く

## 一　古代史の必要性と可能性

私たちは、なぜ日本列島の古代史を学ぶ必要があるのだろうか。また、その古代史を知り、考えることによって、どのような可能性が拓けてくるのだろうか。これは、研究上の必要性や可能性を言っているのではなく、私たち自身にとっての古代史の必要性と可能性を指している。ここから、初めて、研究上の必要性と可能性が俎上にのぼってくるのであって、順序はこの逆ではない。

そこで、注目したいのは、大学に集う若者たちが、歴史を、そして日本古代史をどのように見ているのかということである。とくに、古代史ファン以外の大半の若者たちが、この場合は、むしろ参考になる。その若者たちは、大概、次のようなことを言う。「古代史は高校で詳しく習わなかった」「古代史は資料が少ないので、わからない。推測に頼るしかない」「古代史は、現在から遠くかけ離れているので、親しみがわかない」、と。

このうち、一番目の発言は、大学教育で解決する以外にない。二番目の発言については、古代史の資料がけっして少なくないことを説明できたとしても、「推測に頼る」ことの懸念を解消させることは難しい。それは歴史全体の課題でもあるが、とくに古代史の場合が顕著となろう。

一方で、彼らは、納得できる合理的な、あるいは論理的な証明を求めることに慣れている。それは、戦後から現代に至るまで、ある種の知の訓練と洗礼が継続して施されてきた結果であり、その思考方法にはますます磨きがかかってきた。その方法は、実のところ、学問研究としての歴史の作法と同根でもあるが、ともに同時代の産物である以上、それはむしろ当然のことであろう。しかし、ここには矛盾が潜んでいる。あえて一口で言えば、豊かで立体的な、もしくは余裕と厚みのある思考力と感性が見失われてはいないか。もちろん、それは、戦前に戻ることなどを意味しない。

これと同じように対応が難しいのは、三番目の発言にみえる「親しみがわかない」ことについてである。つまり、彼らは、現在と古代とが余りに疎遠であり、古代史に関心がわかない、あるいは、そもそも古代史をどのように考えたらいいのか、皆目見当がつかないと言うのである。この困惑とも取れる反応は、彼らの知識不足に由来するところがあったとしても、ことの本質は、そこにあるのではない。要は、彼らが生きている現在に、古代史が一体どのようにかかわるのかという、まことに当然の疑問が発せられたに過ぎない。このような疑問は、もちろん、それぞれの時代史においてもあり得ようが、現在からもっとも時間的に離れている古代史こそ、顕著なものとなる。

この至極当然の疑問は、古代史を学ぶ必要性と可能性とを問いただしていることに等しい。そして、このような問いかけは、「推測に頼る」ことの懸念と不安によって一層強まってくる。

## 二　向き合う現在と古代

ところが、彼らは、カリキュラムの上で実際に古代史を学ぶようになると、自然に現在と古代との対話を推し進めていくようになる。あるいは、常に彼らの現在を踏まえて、古代史を解釈し、それによって古代史への関心を高め、維持していこうと自助努力する。それは同時に、彼らの生きる現在があらわになる局面でもある。

たとえば、彼らには、古代史上で「親しみ」のある人物はいない。知名度の高い人物はいても、「親しみ」は持てないのである。ところが、遣唐使や留学者が、また、遣唐使と中国の女性との間に生まれた子供が日本に帰った（来た）場合、どのような受け入れ方をされるのかということについて、彼らは眼を輝かすことがある。それは、現今の国際化から発生してくる矛盾に共振したものであろう。その顕著な例は、帰国子女としての体験である。しかし、すべてが帰国子女であるわけがない。より根本的には、国内での転校経験、あるいは日常での家族・学校・交友関係などに根差した現在の個人（自分自身）と、さまざまな集団や制度とのかかわり方を古代史に見出し、古代史に問いかけているとみられる。その意味で、彼らは、個人史に興味を抱くのである。文学と歴史学とは、どこが違うのですかという質問が時々発せられるのも、このような関心からくるのであろう。

ところが、一方では、高校で習った馴染みによるのか、トラウマによるのか、古代の律令制や国家・社会のことをさらに知りたいとも願っている。しかし、それは、無機質な物体としての制度や国家・社会機構を、ただ「くわしく」知りたいというのではない。彼らは、そのような教科書風のスタイルにはむしろ食傷気味であり、著しい懐疑さえ抱いている。「ほんとう」はどうなのか、という直感と期待がそこにはある。それは、奇をてらうとか、裏面史への興味というのではなく、古代史を正直に見たいという欲求があるに過ぎない。

この欲求は、個人（自分自身）とさまざまな集団とのかかわり方に強い関心をもつことと無縁ではない。つまり、個人（自分自身）が、どのような集団や社会とかかわっているのか、そして、その立ち位置はどこなのか、また、かかわっていると思われる集団や社会は、どのような成り立ちと性格のものなのか、という極めて現在的な関心が古代史に向けられているのである。言い換えれば、個人（自分自身）についても、その集団のネットワークについても、測りがたい不透明さと不安を感じ取っている。社会学と歴史学の違いを問う学生がいるのも、この点からうなずけるものがある。

ただ、ここで留意したいのは、まず、彼らの関心が、ともすれば両極分解するか、限定化されかねないということである。強いて言えば、その関心と追及が、ひたすら個人（自分自身）の内面に向かうか、社会集団の側面に向かうか、もしくは、さまざまな集団のネットワークのうちでも特定の集団にのみ向かうか、というような現象がみられる。これは、考える手順として止むを得ないこととも言えるが、いずれの方向に傾斜するにせよ、双方向の交わりや関係性への道筋が見えにくい。むしろ、理解の糸口を閉ざす抽象的な思考の罠にはまりかねない。戦後から現代に至る知の訓練と洗礼とが、そのことを一層助長しているかのようである。

ついで、個人（自分自身）であれ、社会集団であれ、また、そのネットワークであれ、その全体の枠組みがどこにあるのか、という問題がある。この点、彼らは、自国史としての「日本史」にこだわる。高校における「日本史」と「世界史」の分別は存外に浸透しており、大学教育においても、「日本史」に「世界史」（制度上は、ふつう東洋史と西洋史に分かれる例が多い）を持ち込んでほしくないと思う学生は少なくない。そこには、高校での選択履修からくる予備知識の有無が左右しているのかもしれない。

しかし、彼らは、現在が国際化しており、「日本史」が「世界史」を欠いては成り立たないことも理屈としては承知している。ところが、実感は異なるようである。まず、国際化とは、現在のことであり、せいぜい近代史に限られる事象とみている。ついで、グローバルな観点の育成とか、グローバル化については、著しい疑念と不安を抱いている。つまり、グローバル化という標語が、いかにも人類の未来に適合し、その未来を救うかのように喧伝されているが、それは正しいのだろうか。むしろ、そのグローバル化は、世界を混乱させ、人類の不幸を多発させていると言うのである。言い換えれば、自国ないし自民族・国民としての幸福を追求すべきであって、グローバルな視点の導入に惑わされてはならないというわけだ。

ここに、グローバル化という標語のもとで投げかけられる世界秩序と、国民枠としての集団生活との間で生じる、幸福と安全をめぐる矛盾の実感や予感が彼らの現在にあることは間違いない。そうすると、「日本史」はますます「日本史」としてあるべきであって、近現代史からもっとも遠い古代史は、その最たるものでなければならず、もし学ぶなら、そのような古代史に学びたいということになる。

## 三 「歴史ばなれ」に応えるために

では、このような現在史を背負った彼らに向かって、どう応えたらよいのであろうか。そこで、次のように問い返してみたい。現在史と古代史とは、どのように結び付くのであろうか、と。

先に見たように、若者たちは、現在史を古代史の中に発見することで、古代史に近付く道筋を得ようとしている。その過程で、歴史学が文学や社会学とどのように違うのかという質問が出てくる。それは、それとして正当な理由があった。ところが、その質問から皮肉にもわかることがある。それは、とにかく変化しながら時間的に積み上がっていく諸地層が歴史であり、そのことを学ぶのが歴史学であって、その学は私たち自身の文明のひとつであるということに、彼らは充分気付いていないようなのである。この事態を、おそらく「歴史ばなれ」と言うのであろう。

この「歴史ばなれ」は、現在史と古代史とを直結させたり、それぞれを入れ子式に解釈してみたりする。つまり、現在史と古代史との違いに頓着がないのであり、すべてがもっぱら現在史なのである。ところが、現在史以外に歴史をもつことで、初めて現在史は照射されるのであり、もし、そうでなければ、現在史自体もないことになってしまう。もちろん、未来もない。その場合の現在史とは、ただの現在でしかなく、歴史は限りなく抽象化され、孤立したものとなろう。あるいは、孤立した断片の単なる継ぎ接ぎに過ぎない。

ただし、このような「歴史ばなれ」を若者の未熟さだけに帰すことはできない。職業として歴史を研究する者が、つまり、「歴史ばなれ」をもっとも恐れるはずの職業人が、皮肉にも、自らの意図に反して、それぞれ専門対象とする時代史や分野を歴史から抽象化させ、孤立化させていないと断言できるだろうか。「歴史ばなれ」が、戦後から現代にかけて育まれた知の不幸な結実であったとは思いたくないが、今の私たちは、もっとも「歴史ばなれ」があってはならないところにいるはずである。

この事態は、深刻である。では、あきらめる以外にないのか。逆に、何でもありなのか。いずれも許されるべきことではない。そこで、当たり前のことではあるが、残された資料群と、私たちの現在とに向き合いながら、その資料そのものでもなく、現在の生き写しでもない古代を、あくまで歴史としてギリギリまで追い求め、その越えられない溝を謙虚に受け止めながら伝えていくほかないであろう。

その際、次のようなことを優先してみたい。まず、古代の中に「あたりまえ」の現在を見出すのではなく、のちには「あたりまえ」になったかのような事象が出現することへの「おどろき」を、また、変化し積み上がっていく「おどろき」を取り戻すことである。それは同時に、現在史と共振しながらも「ちがい」を知り、それを許容できるようになることでもある。たとえば、「あたりまえ」でない文字の使用、役所組織の誕生などに「おどろき」があることを、そして「ちがい」があることを伝えなければならない。

ついで、私たちは一人の人間であるが、一人で生きているのではない。したがって、さまざまな個人と社会集団とのかかわり方や、その総体的なとらえ方を、変動と積み上げの諸地層のもとで例示してみなければならない。極限すれば、縦横の関係性を「ふつう」に考えてみることが大切なのであり、それは、やはり、絶えざる「おどろき」なくしてはあり得ない。たとえば、その

「おどろき」の中には、現在のような国境が、さまざまな個人や社会集団にはないという「ちがい」も含まれている。「あたりまえ」であるかのような国も国民も、創造され、想像されていくものであることを古代史から逆に知ることができよう。その意味で、「日本史」は自明なのではなく、とりわけ、古代史に「日本史」の純粋さを求めるのは、それこそ「歴史ばなれ」のそしりを免れ得ない。

最後に、二点ほど付け加えておこう。ひとつは、人とその集団がどのようにして生きているのか。また、どうなると生きられなくなって、変わっていくのか。生活環境と生業の問題は、ここで重要な課題となる。もうひとつは、扱う資料を初めから限定すべきではない。慣例上、古代史研究のための資料と、そうでない資料との分別がおこなわれているが、いずれの資料も歴史そのものではあり得ないとするなら、各種の関連資料は、歴史のまえに平等である。問題は、その資料群をそれぞれどのように厳粛に、謙虚に扱うかであろう。

いずれにしても、「おどろき」という新鮮な感動と、「ちがい」に対する認識と許容とを現在に、そして古代史に取り戻すことができるかにかかっている。それは、けっして奇をてらうことでも、扇情的になることでもなく、また、サービス精神の押し売りでも、研究ゲームにはまることでもない。私たちの「ふつう」の文明を取り戻すことなのである。この「ふつう」の対極に「歴史ばなれ」がある。

# 一章　大地に生きた人々

# 最古の戸籍が語るもの

## 一　現存最古の戸籍

日本列島で作成された戸籍のうち、現存最古のものは、今から一三〇〇年以上まえにさかのぼる大宝二年（七〇二）の戸籍である。この大宝二年戸籍は、全国的に作られたものであった。もっとも、現在の全国とは異なり、東北地方北部や北海道、九州南部や南島地域などは含まれていなかったであろう。

ところが、このうちで現在残っているのは、六パーセントにも満たないものである。その中にたまたま美濃国（岐阜県南部）のものが含まれており、これについてとくに述べてみたい。ただ、この「ミノ」国の表記は、「三野」から「御野」へ、そして「美濃」へと落ち着くが、問題の戸籍は「御野」時代のものであった。

実は、このときの戸籍には九州北部のものも残っている。当時の国名で言うと、筑前（福岡県）、そして豊前（福岡県および大分県の一部）であり、さらに、豊後（大分県）である。一国にわたってすべて残っているというわけではなく、すべて部分的にしか残っていない。

美濃国の場合も、もちろん一部しか残っていない。その中でもっとも残存率が高いのは、加毛《かも》郡半布《はにゅう（はふ）》里（富加町）の戸籍である。これは、九〇パーセントくらい残っており、ほぼ完全に近い形である。大宝二年の戸籍の中では、一番残存率がよい。

次に、美濃国の西の方の味蜂間《あはちま》郡、古くは「安八麻評」と書くこともあるが、この味蜂間郡の春部《かすかべ》里（揖斐川町・池田町）の戸籍が残っている。これがだいたい五六パーセントくらいである。あとは本巣《もとす》郡の栗栖太《くるすだ》里（真正町など）の戸籍が四〇パーセントくらい残っている。さらに、山方郡の三井田《みいだ》里（岩野田地区など）の戸籍が一八パーセント、肩県《かたがた》郡の肩々《かたがた》里（岐阜市長良福光地域）の戸籍が六パーセントくらい残っており、あとは各牟《かがみ》郡の中《なか》里（各務原市北西部）というところがほんのわずか二パーセントくらいしか残っていないというのが実情である。さらに、どこの郡なのか、どこの里なのかわからないものが若干存在する。

## 二　払い下げられた紙

では、なぜこのように断片的な状況になったのであろうか。これについては、ふつう以下のように考えられている。まず、美濃国で戸籍が作成される。そこで、おそらく一揃えはこの美濃国に置いておき、あと一揃えないし二揃えは都へ報告というか、書類として上へ上げていった。当時の都は藤原京である。やがて、奈良（平城京）に都が移り、そのときまで少なくとも民部省や中務省で保存されていたはずである。一応、三〇年の保管が義務付けられていた。そして聖武天皇の時代、つまり天平十五年（七四三）ころから、皇后宮職《こうごうぐうしき》下の金光明寺《こんこうみょうじ》写経所へ反故紙として払い下げられた。つまり貴重な紙の再利用がおこなわれたのである。そして、さまざまな庶務用にあてられていったというわけだ。ただ、美濃国府に保管されていたものが払い下げられたとみるむきもある。しかし、いずれにせよ払い下げである。

払い下げるときまでの戸籍は、一里一巻の巻物になっていた。一つの里で一巻きのものを作るというのが基本である。一五メートルくらいのものもあったようである。しかし、一五メートルというものをそのまま再利用するわけにもいかないので、細かく切って、メモにするのにふさわしいようにノート状に切ってしまう。そして、しかも表ではなく裏側をつかう。表は戸籍が書いてあるから使えない。そういうふうにして現在バラバラに残ったもの、それが東大寺の正倉院に伝わったわけである。

ところが、ブツブツに切ったわけであるから、元がどうつながっていたかわからないことが多い。そこで、元はどうつながっていたかという作業が、明治以降、あるいはそれ以前から、現在まで続いてきたわけである。それで、わかるところはわかるけれども、わからないところはわからないという状況になった。その中でも、加毛郡半布里の戸籍が九〇パーセント残っているというのは、ぶつ切れにはなっていても、だいたい続き具合が復元されたということでもある。そういう意味で完成度は高いと言うか、十分安心して使えるということで希有な状態になっている。

## 三　近代国家からのまなざし

ところが、一九七〇年代くらいから「御野」国戸籍を含む大宝二年戸籍に関する研究はパッタリなりを潜めてしまった感がある。もちろん一部では、研究を続け、優れた本を出された方もいるが、全体の流れから言うと、大変関心が薄れてきているというのが実情であろう。

なぜ、これほど関心が持たれなくなったのであろうか。それには、いろいろな原因があるのかもしれないが、逆に少しさかのぼって考えてみると、実は、ほぼ一世紀にわたって、つまり一〇〇年以上にわたって、戸籍に対して非常に強い関心を持ち続けた時期があった。それは、明治時代から先ほどの一九七〇年代ぐらいまでである。この間に敗戦があり、しかもそれをこえて、しばらくの間、ずっと持続して関心が持たれていた。百年近くどういう関心を我々の先輩たちは持ったのか、顔も見たことがない古い世界の人たちのことを。そこには、いくつかの条件ないし要素があったと思われる。

まず、一つは、明治になって、民法を作らなければならない。新しい現代国家を作らなければならない。新しい国民を組織しなければならない。世界の列強の中で、近代国家をうち立てて行くにはどうしたらいいか、ということから、当時の政治家や学者はさまざまに考えた。そのときに、実は戸籍が登場する。新たに古代の戸籍が、である。要するに国民をどういうふうに治めていったのか、そのためにどういう書類を作っていたのか、ということで、戸籍に対する関心が非常に高まった。たとえば、元老院で戸籍の講義がおこなわれたようである。それが、具体的にどのように民法や、大日本帝国憲法に活かされたかはよくわからないが、とにかく、当時の民政関係のものに活かされた可能性がある。

とくにその中でも、「御野」国戸籍の役割は非常に大きかったと考えられる。たとえば、半布里の戸籍に「上政戸《じょうせいこ》　県造《あがたのみやつこ》　吉事《よごと》」という記述が出てくる（写真1）。さらに、その下に「戸口」とあり、続けて、「卌四」すなわち「四十四」という数字が書いてある。このうち、初めの

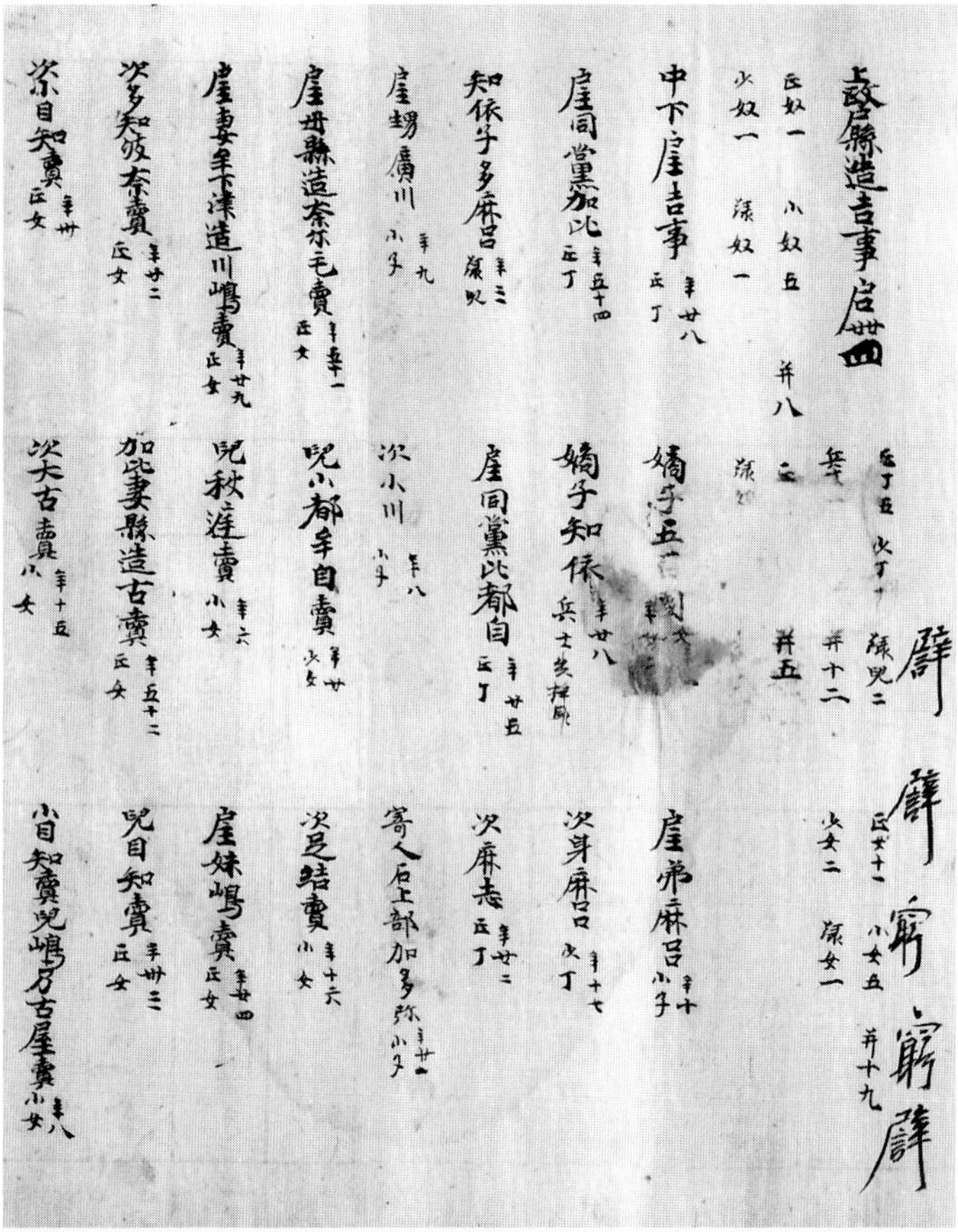

［写真 1］ 御野国加毛郡半布里戸籍
（正倉院文書続修 3）

三文字「上政戸」の「政」というのは政治の「政」、つまり「まつりごと」であり、明治の初めには、この「まつりごと」の「政」という字に大変関心が持たれたようである。要するに、新しいまつりごとを行う場合にこれが参考になるのではないか、この「政」というのはいったい何であろうか、ということでさまざまな議論がまき起こった。したがって、近代国家を立ち上げていく場合に、この「御野」国戸籍は大変参考にされたか、注目の的であったことは間違いないところである。

ただ、その中にあって、いったいこれは当時の集落における家族の形態を、つまり実際生活している本当の家族の形態を示しているのだろうかという議論が起こった。たとえば、四四という数字に注目すると、一軒の家に四四人も住めるわけがない。したがって、実際に住んでいる共同生活が、いわば同じ釜の飯を食うようなシステムがそのまま戸籍に表現されているわけではなさそうだ、という疑問が当然出てきたわけである。

とくに古い時代の場合、『万葉集』を始めとした文献に、男が女の家に通っていくような婚姻形態が出てくる。そうすると、同じ屋根の下に夫婦が住んでいないのではないか、というような素朴な疑問が出されることになる。一方、当時の旧民法の規定によると、やはり大家族的なのだが、実際には、次男以下が外へ出ていて個別に所帯を持っている。にもかかわらず、戸籍上はみんな一緒になっている、という矛盾があった。すると、それ自体がこの戸籍に倣ったのではないかという一面があるのだが、とにかく台帳に書かれていることと実際生活とが、どういう関係にあるのだろうかという疑問が、とくに明治以降の人にとっては実感をともなうものであった。

ついで、戦争の時期に入ってくると、産めよ増やせよではないが、殖産政策が注目されるようになって、子供の数とか、男子の数とかという人口政策に関心が向かっていった。また、これに合わせて、この戸籍も、どのくらいの子供をもうけているのか、どのくらいの規模なのか、ということで関心を持たれるようになった。それと平行して、家族国家というか、日本の国家が家族主義で成り立っている、みんな一つの家のようなものだ、それが日本の良いところである、という考え方が台頭して、その先駆を示す、この戸籍が非常に注目を集めることになった。

戦後も、しばらくの間、熱心な議論、あるいは関心のもたれ方が六〇年代くらいまで続いた。それは、戦争に負けたら負けたで、民族を、日本の国をどういうふうに再生するか、ということの関心と重なり合って、また、世界的な発展段階論やイデオロギーと照合させながら、当時の家族の形態はどうだったのか、家族が国を支えるとすれば、どういう支え方が適切なのか、というような関心があったのである。ところが、一九六〇年代を過ぎて七〇年代以降になると、その関心が急速に薄れてきて今日に至っているというのが実情であろう。

ただ、それにはさまざまな理由があるとは思われる。たとえば、あまりに近代の家族に重《かさ》ねすぎ、狭義の家族というものを考えすぎたのかもしれない。確かに夫がおり、妻がおり、子供が生まれたりはする。戸籍の記載とはそのようなものであるが、あまりに近代の家族というものを考えすぎて、行き詰まってしまったというところもあるのかと思われる。

それから、もう一つは、これと逆なことになるが、昔の家族の形態と現在のそれとは違うのであり、ここにさまざま超えがたい問題が起きてくる。さらにまた、戦後の家族形態も大きく変わり、古代の戸籍との距離感が一層拡大したとも言えよう。したがって、ますます敬遠してしまうという事態が生じたのであろう。

ところが、近年、戸籍はもっとさまざまな観点からさらに見直すことができるすばらしい材料である、というふうに考えた人たちが集まって研究会が発足した。たとえば、まず、近現代の家族形態とは一線を画した上で、戸の問題であるとか、あるいは男女、夫婦・親子の関係であるとか、当時の戸主とはどんな性格であったのか、当時の人は文字をどのように使ったのか、その中にどんな意味を込めていたのか、それは日本だけの問題ではなくて、朝鮮半島とか中国の漢字の問題とどういうふうに関係しているのか関係していないのか、あるいは戸籍自体が中国の制度や朝鮮半島諸国の制度とまったく無関係なのかどうか、というふうな大変広い視野と基本的かつ日常的な課題を持つことが必要なのではないか。一方でまた、日本列島の中でも、あるいは同じ美濃国の中でも、戸籍を通して、地域性が見えてくるかもしれない、というふうなさまざまな観点から考えてみようという動きが、出てきたのである（その成果は、新川登亀男・早川万年編『美濃国戸籍の総合的研究』〔東京堂出版　二〇〇三年〕として公刊され、本稿もこの論集を踏まえたものである。具体的には所収の各論文を是非参照されたい）。

## 四　一里の人口

さて、問題の「御野」国戸籍には、少なくとも二七〇〇人以上の名前が記載されている。ほとんどの人が無名の人物である。ここ以外では記録されたことのないような一般の庶民なのだ。これほどまとまった記録は、庶民に関するものとしては珍しい。では、半布里という一つの里にいったい何人くらいが住んでいたのか、登録されていたのか。当時の里は五〇の戸から成り立つというのが原則であった。ところが、一つの戸の成員は実にさまざまであり、一番多いのは美濃国の場合、九六人である。逆に、現在わかっている美濃国の中で、一番少ないのが八人である。これは同じ戸と言っても、天と地の差であり、まったくバラバラであった。かりに平均値を出すと、一戸で二〇人台か、二〇人台前後になるようである。そこで、半布里の人口を少し具体的に計算してみると、だいたい一一二〇人の数字が出てくる（平成十九年現在の富加町の人口は、五八二二人、一六七一世帯）。この規模は、だいたい平均に近いであろう。

と言うのも、およそ一一〇〇人から一二〇〇人台ぐらいが一里の人口と考えられるからである。少なくとも美濃国においては。ちなみに、ほかの里の人口を推算してみると、春部里が約一二二〇人、栗栖太里が約一二一五人、三井田里が八九九人となる。このうち三井田里が少ないのは、地形の制約によろう。半布里もやや少ないとみることができようか。

## 五　東西の差異

ここで、九州北部の西海道戸籍と比較してみたい。例として、豊前国仲津郡の戸籍と半布里の戸籍とを取り上げてみる（写真2）。

すると、両者の書式が大きく違うことがすぐわかる。たとえば、豊前国では印がベタベタと押してあるが、美濃国の場合には印がいっさい押されていないという歴然とした違いがみられる。また、豊前国では「受田」という文字が記されている。これは、班田収授の口分田をもらったとか、さずけたという意味であり、その後に数字がみえる。たとえば、「貳町壹段～」という数字が書いてあるが、ここに一つの戸の口分田積の総数が登場する。ところが、美濃国にはそういうことが一切書いてない。そうすると、班田収授の台帳としては使われていないのかという問題が出てこよう。

それから、たまたま数字のことで言えば、豊前国の数字は大字《たいじ》、今日流に言えば旧漢字のよう

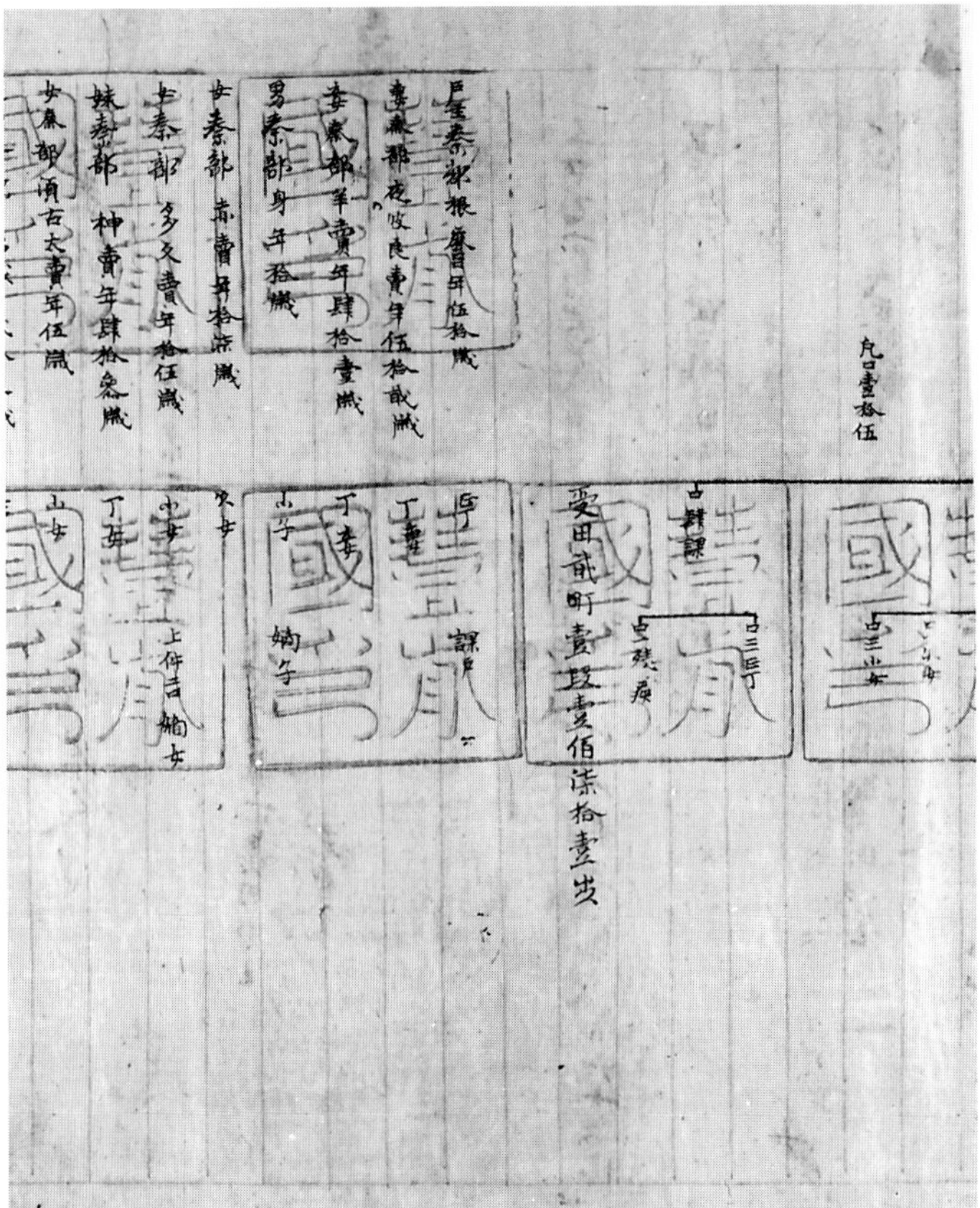

[写真 2]　豊前国仲津郡丁里戸籍
（正倉院文書続修 8）

なものであるが、画数の多い数字が用いられている。これに対して美濃国の数字はふつうの略数字というか、ふつうの数字が書かれている。

あるいは、もっと全体的な書き方を見てみよう。豊前国では戸主が最初に書かれ、そのあとすぐ「妻」が出てくる。その妻のあとに「妾」。近代的に言えば「めかけ」という字であるが、近代の妾とは意味が違うと考えられている。そして、その次に「男」という字が登場するが、これは息子。その次に「女」という字が出てくるが、これは娘という意味である。別の言い方をすれば、お父さんがいて、お母さんがいて、奥さん（母）が二人いる場合もあるが、そこに男の子がいて、女の子がいて、という順番で書かれている。そういう意味では、わかりやすいのである。

ところが、美濃国の場合は違う。先ほどの県造吉事という人は戸主としてトップに書かれているが、その吉事という人は、もう少し左の方で「中下」と記され、「戸主　吉事」とある。同一人物のくりかえしであり、氏姓が省略されている。この人をトップにして、その次に「嫡子」とある。そして、字が欠けて見えにくいが、数字の「五」と読める。その次がちょっと見えないが、これは「百」である。その下が「国」。これは多分、「五百国《いおくに》」という名前であり、年齢が一歳と書いてある。そして、左の方に、これまたよく見えないが、「緑児《りょくじ》」と書かれている。したがって、戸主は二十八歳であり、嫡子、長男は御年一歳で、まだ「緑児」である、ということになる。そして、その下に「戸主弟」、つまり戸主の弟が記され、「麻呂」という名前で、十歳とある。十歳の年齢区分は「小子《しょうし》」であり、法律上、「小子」と書くのは、十六歳から四歳までの人をさす。とくに、「子」と書いてある場合は、男である。それから、左の行へ行くと「戸主同党」と書いてあり、これは一般的に戸主のいとこだと考えられている。歳は五十四歳。その左には「正丁《せいてい》」とある。これは二十一歳から六十歳までの男を指す。もっとも働き盛りの男で、さまざまな税や役がかかってくる年齢対象であった。そして、その嫡子がいる。これは不思議な名前であり、「知依」という字だ。「ちより」なのであろう。そして、歳が二十八歳とある。さらに、左には、「兵士」とあり、「歩棹取」と書かれている。「棹」は盾矛の「ほこ」だと思われるが、「かちほことり」と多分言うのであろう。歩兵で棹を持っているということのようである。これについては、また、あとで述べる。

また、美濃国は三段で書いてあるが、豊前国は二段、横にずっと並べて書いてあるという違いも明らかである。

そして、さらに大きな違いは、美濃国では最初に全部、男を書く。そして最後に女をまとめて書く。男グループを最初に書いて、女グループを最後に書くという大きな違いがある。これは大変な問題であり、美濃国の戸籍からは、単純に親子関係が、とくに母親と息子の関係がよくわからない。実の母親が誰なのかという問題を含めて、家族の関係がわかりにくいとされてきたのである。一説によると、最初は男だけの戸籍があったのではないか、あとになって女を付け足したのではないかという意見も出されている。

あるいは、女を付け足した戸籍のスタートはこの「御野」国戸籍のこの段階かもしれないという研究者もいる。また、その六年前という説もあるが、要するに女の戸籍だけ後で付け足したという意見は根強くあるわけである。いずれにせよ、同じ時期でありながら、全国統一の戸籍作成マニュアルがなかったのか、作成期に微妙だが画期的なずれがあったのかということになろう。

## 六　戸の規模

今、県造吉事の戸をあえて紹介したのは、実は、半布里において最大規模を誇る戸であったからである。四四人の戸は、半布里においては最大の人員を持つ戸であった。ただ、最大と言っても、肩県郡の肩々里の戸籍には、これをしのぐ戸がみえる（写真3）。そこには、「上政戸国《くにの》造《みやつこ》大庭《おおにわ》戸口九十六」とあり、国造大庭という人を戸主とした九六人の戸が登載されている。実は現在残っている範囲でいうと、この国造大庭の戸が最大規模の戸である。したがって、現在の長良福光《ながらふくみつ》あたりに七〇二年の最大勢力があったということになる。もっとも、ほかの戸籍が残っていればそれをしのぐ戸があるかもしれない。

このように、肩々里の九六という数字と比較した場合、半布里の四四というのはそれほど大き

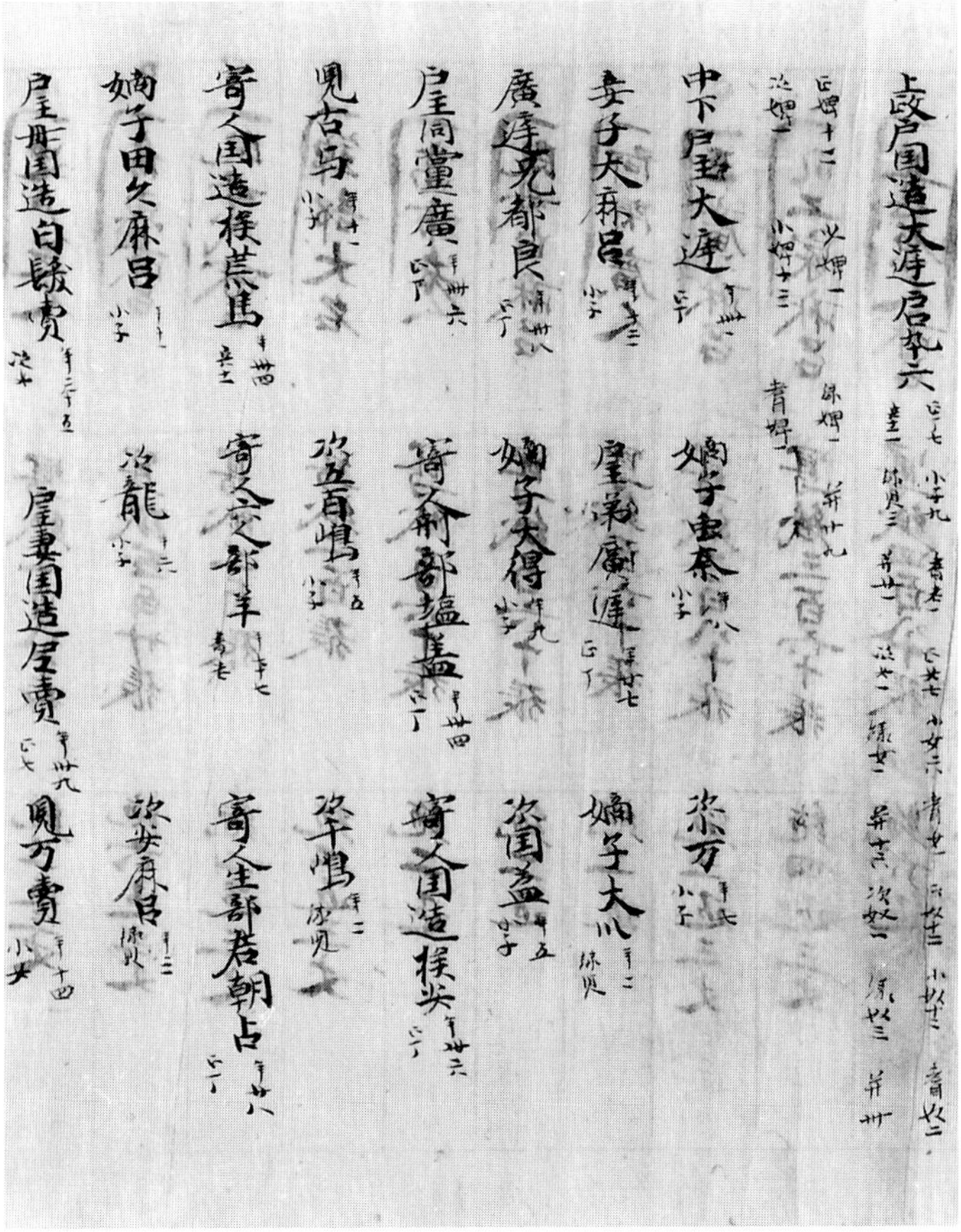

[写真 3] 御野国肩県郡肩々里戸籍
(正倉院文書正集 26)

くはないことになり、半布里の規模ないし、勢力自体は、それほど大きなものではなかったということになろう。

そのことを逆に証明するのかどうかは明言しがたいが、同じ半布里の「中政戸敢臣族岸臣《あえのおみのぞくきしのおみ》目太《めた》」に注目したい（写真4）。敢臣族岸臣という氏姓は、管見の限り、ここにしか残っていないのであり、それほど珍しいと言えよう。

そもそも、これを紹介したのは、現在残っている美濃国の戸の成員の中でもっとも少ないものだからである。つまり、八人家族なのだ。実際同じ所に住んでいたかどうか、二軒ぐらいの家に住んでいたかどうかはわからないが、とにかく最小規模である。

そして、戸主目太という人物が四十四歳でおり「正丁」とあって、左の方に「工」と付記されている。これは、工匠としての特殊技能を持っている人という意味だと思われる。美濃国の戸籍にはときどき特殊技能の種類が書いてあり、これは他に例がない。

そして、その嫡子が小麻呂という人で二十三歳。この数字を信用するなら、父が二十二歳（数え）のときにもうけた長男ということになる。ついで、その嫡子の下に「次」という字があり「大麻呂」と書かれている。これは弟になるわけであり、弟は十二歳。次の行にもさらに「次」とあって「黒麻呂　三歳」、というふうにつながっていく。

ところで、お父さんは「目太」という不思議な名前であるが、男の子の方は、何とか麻呂、何とか麻呂というふうにだいたい統一されている。男の名前で麻呂というのは少なくないが、逆に、私たちが思うほどには多くない。また、ここはたまたま兄弟が一貫して麻呂という名前になっているが、女は全部「売《め》」という字がついている。これには、まず例外がない。すると、男の名前はやや多様である、と言えよう。

ただ不思議なのは、この少人数の戸の中で、嫡子小麻呂が小さい麻呂とされ、弟の方が大きい麻呂となっていることである。しかし、ときどきこういう例もある。逆に、お兄さんの方がすべて小さいかといえば、そうでもない。いずれにせよ、この場合の「小」は、単なる「大小」（長幼）の意味でなく、親に対する愛しい子供という意味であろうか。

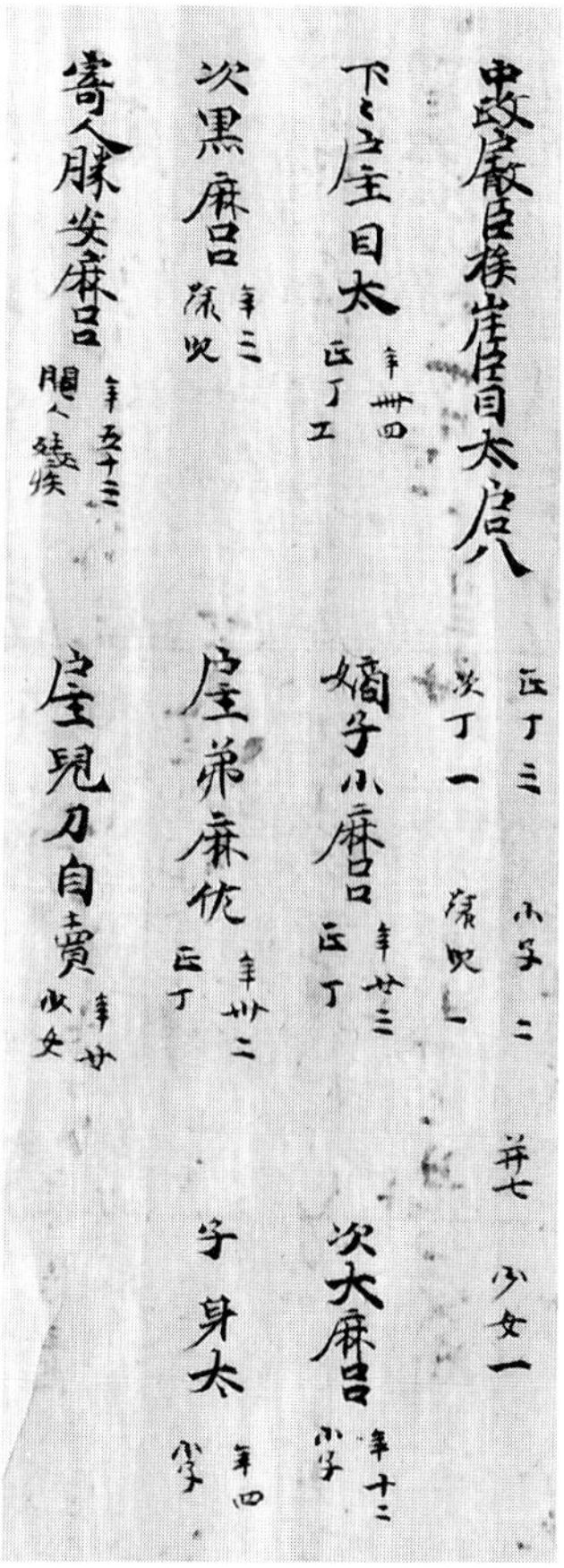

［写真 4］御野国加毛郡半布里戸籍
（正倉院文書正集 24）

それから、のちになると、お父さんの名前の一字をとって子供に付けるという、通字の風習があるが、この戸籍に関して言えば、そのような例はほとんどみられない。

また、この戸の最後の行のところには、「寄人」とある。この「寄人」についてはさまざまな考え方があるが、要するに寄ってきた人、ないし寄せた人の意味である。とにかく、その「寄人」は「勝《すぐりの》安麻呂《やすまろ》」という人であり、歳が五十三歳と書かれている。そして、左の方には「閹人《えんじん》」というふうに書かれている。「閹人」というのはあまり登場しないのであるが、要するに去勢された人という字義である。日本において宮刑というのは中国と違って存在しないから、人為的にそうなったとは考えにくい。何かの病気だとか事故であろうかと考えられる。事実、彼は「残疾」（病気身障）と認定されていた。いずれにせよ、極めて例外的な記述である。なお、「勝」という氏姓であるから、戸主の氏姓とは違い、戸主と同じ氏姓の集団ではないということが一応わかる。

一方、敢臣という氏姓、しかも敢臣族岸臣という変な氏姓（複姓）も珍しい。この敢臣というのは、伊賀国に敢郡があることからみて、現在の三重県伊賀上野周辺に関係した集団であろうと思われる。しかし、岸臣となっているから、父方の氏姓と母方の氏姓をそのままくっつけたのか、という憶測も成り立つわけである。ただ、尾張国の中島郡に敢臣が住んでいたことが知られているので、伊賀国の方から北へ入ってきて、美濃国のあたりまで入ってきていた可能性がある。その周辺で、何らかの婚姻関係が生じ、やがて定住に向かった例外的な集団であったと考えられるのである。したがって、規模も小さい。

## 七　その後に生きた人々

一方、さきほど紹介した、九六人を擁している大きな戸の戸主国造大庭には、嫡子虫奈《むしな》という息子がいた。「虫」というのは、当時名前の中によく出てくる文字である。そして、さらにその弟「小万《おま》」がいる。この小万という人については、以前から指摘されていることであるが、のち再び歴史の史料に登場してくる。

それは奈良時代の後半、つまり『続日本紀』神護景雲二年（七六八）閏六月庚戌条によると、「国造雄万」という人に外従五位下を授けるという記事がみえる。同様の記事が少しあとの『続日本紀』宝亀元年（七七〇）四月癸巳朔条にも記録されている。それは、「美濃国方県郡少領外従六位下国造雄万」という人が自分の蓄えた稲二万束を美濃国分寺に寄付をしたので、位を上げてもらったという記事である。前者と後者の記事にはちょっと位の数字に矛盾がみられるが、前者と後者は別のことを言っているのではなく、同じことを言っていると考えられる。そして、ここに登場する美濃国方県郡少領の国造雄万という人が、さきほどの大庭の次男、七〇二年に七歳であったところの「小万」その人ではないかと言われているのである。仮にそうだとすれば、この人が国分寺に多額の寄付をして、位をもらったという歳は、だいたい七〇台の半ばのおじいさんということになる。しかも、方県郡の少領（郡の次官）であるから、郡の最大勢力を誇る一員であることは間違い。すると、かつて七〇二年の戸籍に大庭の次男として現れ、この大庭の戸が九六人という最大勢力を誇っていたので、そこの次男としてはふさわしい人生をおそらくは歩んだであろうと考えられる。ただ、長男ではなく次男であり、長男はどうなったのかは不明である。

なお、ここでさらに興味深いのは、雄万と同時に物部孫足《もののべのひこたり》、六人部四千代《むとべのよちよ》らも同じように稲を国分寺に寄付した可能性があり、雄万と一緒に位をもらったということである。もちろん、この物部孫足とか六人部四千代という人がどのような人物であったのかはわからないが、さきほどの大庭の戸に「寄人物部古売《こめ》」という女性が出てくる。歳は五十なので、当時ではおばあさんだが、この方県郡の国造をみてみると、この物部とか六人部を抱え込んでいる戸があり、おそらく、より古くはこの地域の大豪族の中に、物部とか六人部が編入されたのか、逆に、その大勢力の中から物部とか六人部といった特別の部民集団を中央政権が割譲して、「〜部」という集団を宮都へ上番させたり、いろいろ働かせたりするための役割を負わせていたのだと思われる。そういう物部とか六人部を国造が抱えていたということがわかるのであるが、おそらく当時の支配関係にあるグループがのちにこぞって資産を蓄え、一緒になって国分寺に寄進したという経緯があるのであろう。

ついで、この戸籍からもう一人のちにわかる人物がいる。それは、春部里の戸籍にあらわれる戸主の上政戸国造《くにのみやつこの》族《ぞく》呰麻呂《あざまろ》にかかわる人物である（写真5）。「呰麻呂」とは変な表記であるが、「呰麻呂」は「阿佐麻呂」のことであり、「あざまろ」と言う。そして、この戸主の嫡子が「黒麻呂」、さらにその子が「千代」とある。千代に八千代にの「千代」であるが、本来は、「ちよ」ではなく「ちしろ」と言った可能性もある。「代」というのは、世の中の代という意味だけではなくて、水田耕作の単位でもあった。のちになると何町とか何段（反）とかになるが、より

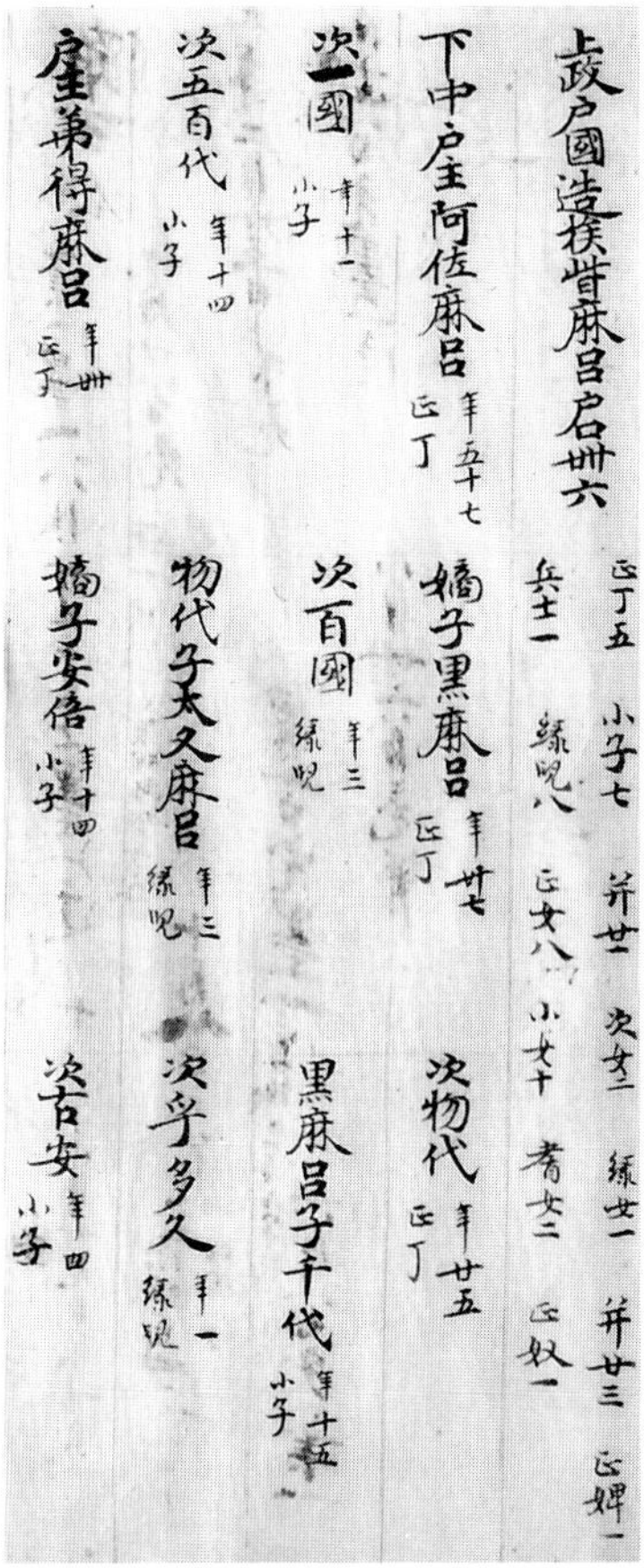
戸國造族呰麻呂口卌六
正丁五　小子七　并廿　次女三　緑女一　并廿三　正婢一
兵士一　緑児八　正女八　小女十　耆女二　正奴一
下中戸主阿佐麻呂　年五十七　正丁　嫡子黒麻呂　年廿七　正丁　次物代　年廿五　正丁
次国　年十二　小子　次百国　年三　緑児　黒麻呂子千代　年十五　小子
次五百代　年十四　小子　物代子太久麻呂　年三　緑児　次乎多久　年一　緑児
戸主弟得麻呂　年卅　正丁　嫡子安倍　年十四　小子　次古安　年四　小子

［写真5］御野国味蜂間郡春部里戸籍
（正倉院文書正集22）

古い段階では「代《しろ》」と言い、「尻」と書いたりする場合もある。そうすると、「千代」という名には、大きな土地が持てるようにとの期待が込められていたかもしれない。その「千代」という人が七〇二年に十五歳でいたのである。彼は戸主呰麻呂の嫡子黒麻呂の子にあたるわけであるから、戸主から見れば孫ということになる。

実は、この人ではないかという記事が『続日本紀』和銅元年（七〇八）三月庚申条に出てくる。それは、「美濃国安《あ》八《はちま》郡人、国造千代妻、如是女」という人が三つ子を産んだ、三人の男子を産んだので、戸口増益策によく叶うという観点から、稲四百束と、乳母一人を支給するという特別保護策がとられた、という記事である。可能性としては、ここに出てくる「国造千代」が、戸籍に出てくる「黒麻呂子千代」ではないかと推測される。そうであるなら、七〇二年に十五歳であったので、七〇八年に三つ子をもうけたときは、おそらく二十一歳ぐらいであろう。父親になるにはふさわしい年齢であった。

そして、彼の妻が如是女という女性。如是女というのは、現在残っている戸籍には登場しないのであるが、おそらく美濃国内の女性であろう。ただ、この名前は非常に不思議な名前であり、「如是」とは、「如是我聞《にょぜがもん》」と言うように、経典によく出てくる文言である。おそらくこれは、仏教に関わるところから、経典に関わるところから何らかのヒントを得て付けた名前であろう。実は、同じ春部里の戸籍をみてみると、「无量寿《むりょうじゅ》」とか「阿弥多《あみだ》」という名前の人がいる。すると、仏教の経典から、あるいは経典を詳しく読まなくても耳学問によって、春日里ではそういう名前を付けたというふうに解釈されよう。これは、春日里の特徴と言ってよい。

## 八　作成と保管

では、戸籍の作り方にかかわる問題に移ろう。初め一里一巻ということは既に述べたが、三井田里の戸籍には、その原型の一部がよく残っている（写真6）。つまり、古い褾《ひょう》（「褾」は表紙）が残存しており、それに皮紐がついている。この皮紐で戸籍を巻くわけであるが、この皮は鹿のなめし皮だと言われている。

［写真6］御野国山方郡三井田里戸籍
（正倉院文書正集25）

そして、原標紙には「御野国山方郡三井田里戸籍」と書いてあり、その下に「太寶二年十一月」、さらに「第五巻」とある。「大宝」年号は、当時「太宝」と書かれた例がある。また、一番上の方に、筆跡を異にして「廿二張」と書いている。この「廿二張」というのは、二二枚の紙を使って一巻にしている、というメモであろう。これで、一里一巻であるということがよくわかる。全部開くのは大変だから、中を開かなくても、表だけ見れば、たくさんある巻物の中でも、これは何の巻物かすぐわかるように作ってあるということだ。「第五巻」とあるのは、おそらく山方郡の中で第五番目の巻物という意味であり、その里の順番が山方郡の中で第五番目の里となる三井田里であるという記号なのであろう。ただ、平安時代の漢和辞書兼百科事典である『和《わ》名類聚抄《みょうるいじゅうしょう》』によると、三井田里は郡内で四番目に記されている。もし、当初から四番目であったとすれば、第一番目の「第一巻」は山方郡全体の総計などにあてられていた可能性もあろうか。もしそうであれば、戸籍は郡ごとに整理保管されていたことになる。

さて、表紙のつぎの本紙には「太寶貳年十一月御野国山方郡戸籍」とあり、三段書きで一里の戸籍の全体を要約したところがある（写真7）。つまり、ここで戸はいくつあるのかということで、三井田里の戸の数が五十戸と記されている。一里五〇戸という原則がよく守られていたのである。ただ、半布里は原則から外れており、五八戸くらいあったと推測されている。続いて男が何人、働き盛りの男が何人、女が何人というような集計が出てくる。その中でも、「兵士参拾貳」

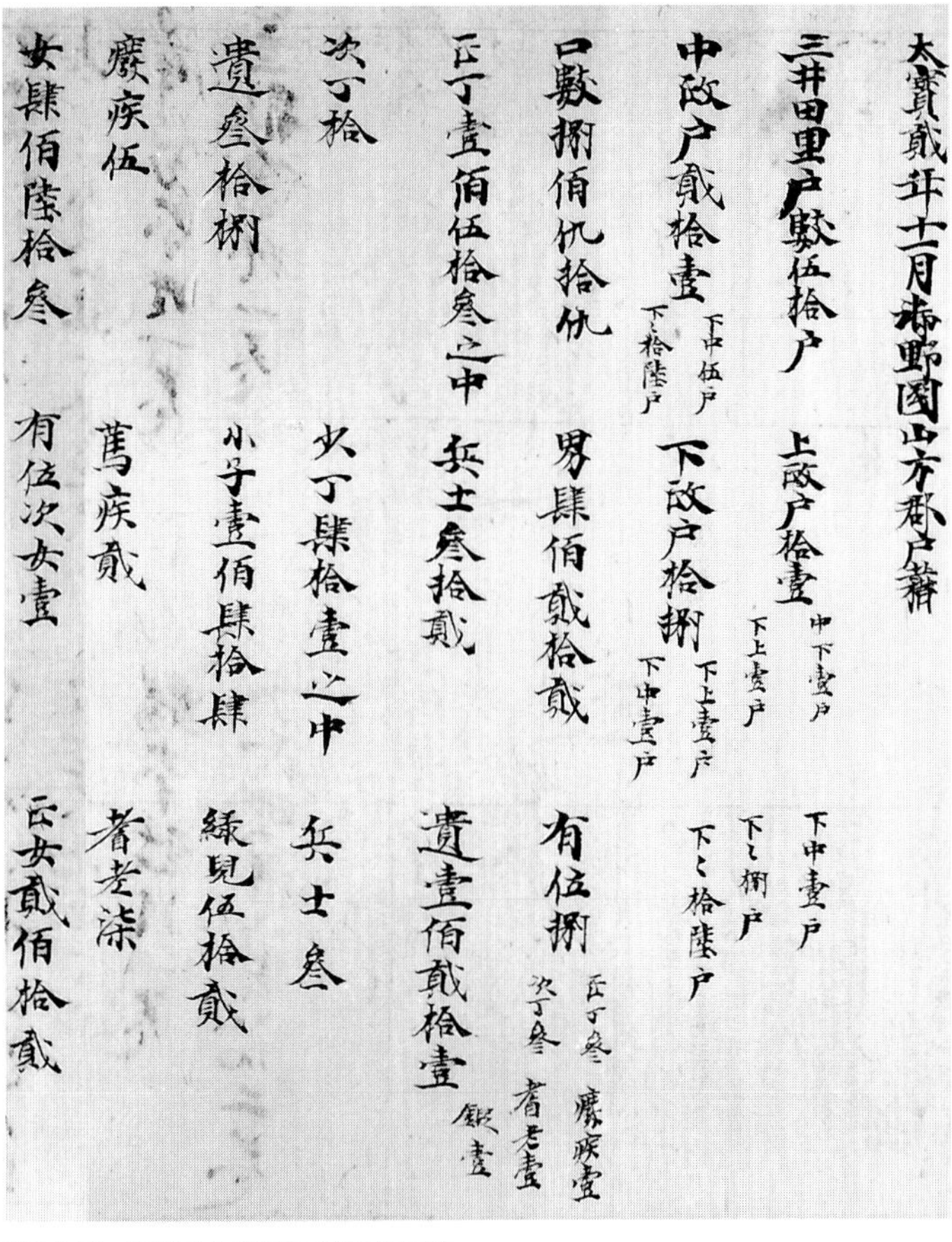
太寶貳年十一月御野國山方郡戸籍
三井田里戸數伍拾戸　上政戸拾壹　中下壹戸　下上壹戸　下中壹戸　下下捌戸
中政戸貳拾壹　下中伍戸　下下拾陸戸　下政戸拾捌　下上壹戸　下中壹戸　下下拾陸戸
口數捌佰仇拾仇　男肆佰貳拾貳　有位捌　正丁叁　次丁叁　廢疾壹　耆老壹
正丁壹佰伍拾叁之中　兵士叁拾貳　遺壹佰貳拾壹　缺壹
次丁拾　少丁肆拾壹之中　兵士叁
遺叁拾捌　小子壹佰肆拾肆　緑兒伍拾貳
廢疾伍　篤疾貳　耆老柒
女肆佰陸拾叁　有位次女壹　正女貳佰拾貳

[写真 7]　御野国山方郡三井田里戸籍
（正倉院文書正集 25）

というふうに書かれているのは注目されてよい。この「御野」国戸籍において、兵士を取るということが重要な役割であったらしいからである。

## 九　国司と郡司

さて、この大宝二年十一月と書かれている戸籍の作成責任者はどうなっていたのか。そもそも、戸籍というのは基本的に農閑期の十一月から作れということになっているので、この点に矛盾はない。

問題の責任者に関しては、それぞれの巻の一番最後のところに、当時の国司と郡司の名前が書いてある。現在では、加毛郡の半布里、味蜂間郡の春部里、各牟郡の中里の巻物の最後の部分が残っており、国司・郡司の署名がそこにみえる。

たとえば、半布里の場合、「太寶二年十一月」とあり、その下に「目」という字がある（写真8）。これは「さかん」、つまり国司の四等官の一番下、四番目の役職であり、続けて「追正八位下五《い》百《お》井《い》造《のみやつこ》豊国《とよくに》」という名前が書かれている。そして、その左の行の一番上が「守」。これこそ、いわゆる「御野」国守、国司の長官である。このようにして、七〇二年の国司の全員がここに記されていく。

国守は、「直《じき》従五位上少治田當麻朝臣《おはりだのたいま（たぎま）のあそん》」という人物であった。名は書かれていない。なお、五位以上のものは、「朝臣」というような姓を一番最後に書くという考え方が古くはあった。その左側が「介」、つまり次官である。「勤《ごん》従六位上許勢朝臣《こせのあそん》真弓《まゆみ》」がその任に就いていた。「許勢」という表記になっているが、一般的には「巨勢」と書く、有力豪族だ。それから、下の段の右に

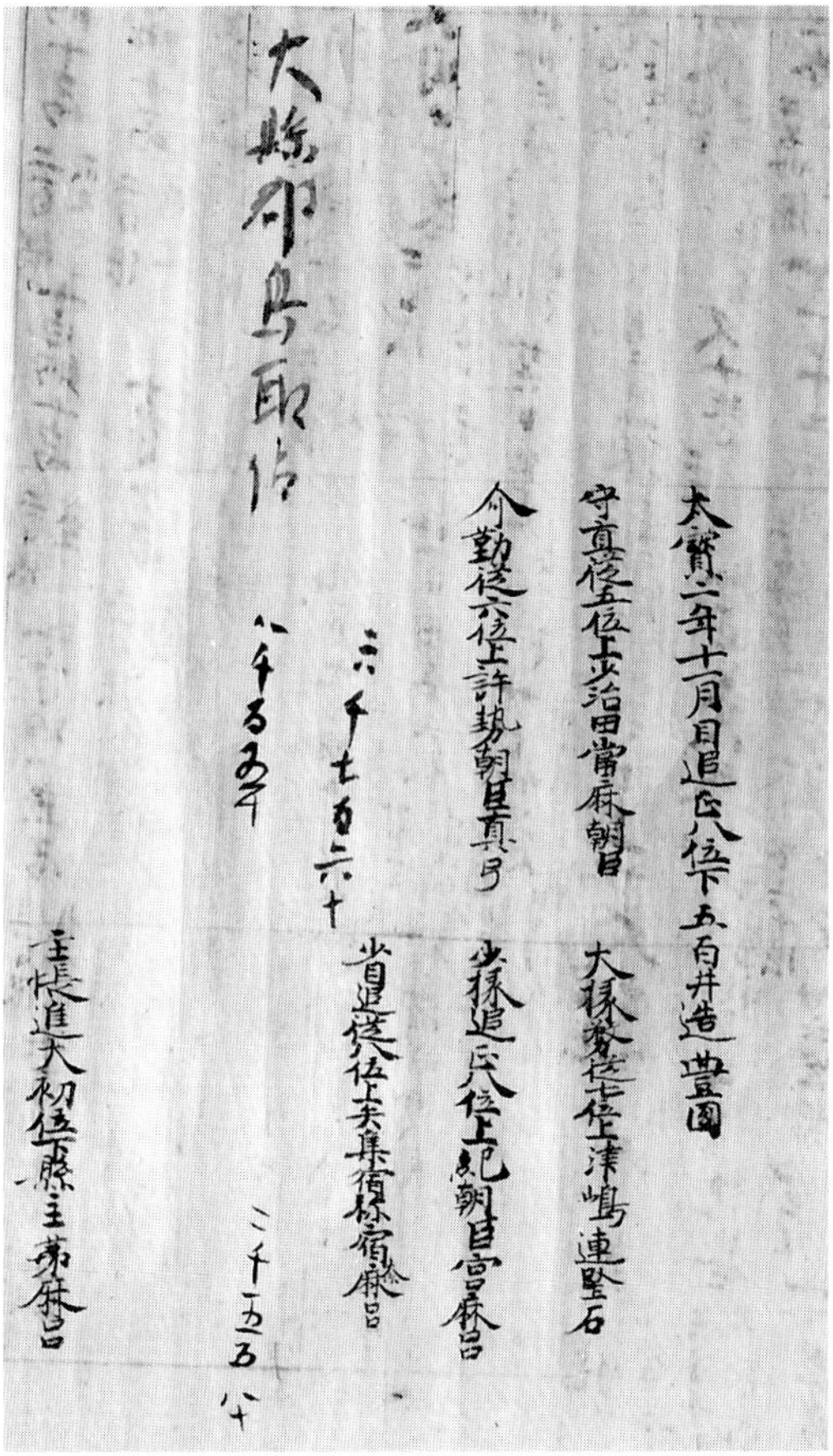


［写真 8］御野国加毛郡半布里戸籍
（正倉院文書正集 24）

は、「大掾《だいじょう》務《む》従七位上津嶋《つしまの》連《むらじ》堅石《かたしわ》」という人の名前がある。そして、左に「少掾追正八位上紀《きの》朝臣宮麻呂《あそんみやまろ》」という人がいる。そして、左の最後のところに「少 目《しょうさかん》追従八位上矢集宿祢《やずめのすくね》宿奈《すくな》麻呂《まろ》」とある。ここでは「奈」の字を書き落としたのであろう、後から付け足している。これが国司の全員である。ということは、ほかの巻物も同じ年月であるから、当然国司も同じメンバーであった。

　この中で、五百井造という人物が出てくるが、五百井造という氏族はかつて壬申の乱で近江朝に加担した氏族であった。近江国の出身であり、今の草津あたりを本拠とする氏族である。その一人が国司の下の方の役人として美濃国に赴任した、ということになる。

　それから、もう一人、一番最後に書かれている矢集宿祢宿奈麻呂という人物に注目したい。実は、美濃矢集連という氏族集団があったようであり、美濃国可児《かに》郡の矢集郷出身と考えられる。国司は基本的には中央政府から派遣されてくるのであるが、こういうふうに何らかの土地関係者が派遣される場合もあったのである。

　そして、さらに、少し行を空けた末尾に担当の郡司が記されている。半布里では「主帳《しゅちょう》」一人である。「主帳」とは、郡司四等官のうちの最下位の役職名であった。もちろん、郡ごとに当然、人が違うはずである。しかし、今はこれ以上立ち入らないことにする。ただ、全体から言うと、七〇二年の美濃国は「大国」であった。そもそも国には等級があり、もっとも大きい国が

「大国《たいこく》」、そして「上国《じょうこく》」、「中国《ちゅうごく》」、「下国《げこく》」とランク付けされていた。そのランクのトップが「大国」であり、これは別格扱いと言える。

しかし、しばらくすると「上国」へとランクが落ちている。つまり、より古い時代の方が美濃国の重要度が高かったことを物語っていよう。

なお、その大国と対応するのであろうが、国司の長官である国守の位階は直従五位上であった。これはやや変則的な過渡的位階であるが、当時の国守で五位相当の国守はそういるものではない。ふつうは、後で言う六位相当以下の人が任命されていた。そうすると、ここでも美濃国は例外となり、畿内外を結ぶ枢要な国とみられていたことがわかる。

## 十　戸の序列

最後に、戸の編成を見てみよう。この戸籍では、戸に区別がなされている。これは、全国の残存戸籍の中でもこの戸籍にしかみられない。一つは九等戸、もう一つは三政戸の制である。九等戸というのは、「上上・上中・上下・中上・中中・中下・下上・下中・下下」の九つに区分したものである。これに対して三政戸は、「上政戸《じょうせいこ》・中政戸《ちゅうせいこ》・下政戸《げせいこ》」という三種類に分かれている。しかも、一つの戸が二種類同時に合わせて決められている。たとえば、この戸は中下戸にして上政戸である、というように二つが常に組み合わさって決定されているという非常に複雑な仕組みになっているのである。

では、なぜ、このようなことが行われているのだろうか。

そこで、半布里を例にとってみよう（表1）。まず、中下戸の中に入る戸主は県造姓である。その下のランクの下上戸には、県主族《あがたぬしのぞく》姓と秦人《はたひと》姓が戸主として一戸ずつ入っている。ついで、その下のランクの下中戸では、県造と県主族・秦人・神人《みわひと》・不破勝族《ふわのすぐりのぞく》を称する戸主がそれぞれ登場する。さらに、その下の下下戸になると、「～部」の戸主が多く出てくる。このようなランク分けは、何を意味しているのだろうか。

まず、九等戸制とは言っても、戸籍では中下戸以下の四ランクしか記載されていない。そして、その四ランクは、まことに画一的に配分されている。これは美濃国全体についても言えることであり、そのもっともわかり易い例は、集計部《しゅうけいぶ》を残す山方郡三井田里である（表2）。そこでは、中下戸が一戸だけであり、その下の下上戸が二戸、下中戸が七戸、下下戸が四〇戸となっている。これを全部足すと五〇戸となり、一つの里ができ上がる。そして、明確なピラミッド型を形成している。おそらく中下戸はオンリー・ワンであり、これが里の有力な勢力であって、その下に戸がずっと広がっていくということが想定される。半布里で言うならば、県造姓を戸主とする、さきの吉事の戸がここに位置し、これが唯一の中下戸であった。その下の下上戸には、県主

| | |
|---|---|
| 中下戸（戸主） | 縣造1（上政戸） |
| 下上戸（戸主） | 縣主族1（上政戸）<br>秦人1（中政戸） |
| 下中戸（戸主） | 縣造1（中政戸）<br>縣主族3（上・中政戸）<br>秦人3（上・中政戸）<br>神人1（中政戸）<br>不破勝族1（中政戸） |
| 下下戸（戸主） | 縣造1（中政戸）<br>縣主族11（上・中・下政戸）<br>秦人16（上・中・下政戸）<br>神人3（中・下政戸）<br>不破勝族1（中政戸）<br>縣主2（中政戸）<br>秦人部2（上・中政戸）<br>物部1（中政戸）<br>守部1（中政戸）<br>生部1（中政戸）<br>穂積部1（中政戸）<br>石部1（下政戸）<br>敢臣族岸臣1（中政戸） |

［表1］九等戸制
（加毛郡半布里）

| | |
|---|---|
| 中下戸（1） | |
| 下上戸（2） | |
| 下中戸（7）（戸主） | 他田1（中政戸）<br>五百木部1（中政戸） |
| 下下戸（40）（戸主） | 五百木部3（上・中・下政戸）<br>五百木部君2（中・下政戸）<br>伊福部1（下政戸）<br>穂積部1（上政戸） |

［表2］九等戸制
（山方郡三井田里）

族姓と秦人姓が一戸ずつバランス良く配置されている。そして、さらにその下の下中戸に、上位の県造・県主族・秦人姓も当然加わるのであるが、神人姓と不破勝族姓を戸主とする新しい集団が追加された。ついで、一番下の下下戸に「～部」という集団がオンパレードで並ぶ。いわば、旧来からの氏族社会集団を序列化したことになる。なお、ここでは中中戸以上が見当たらないのであるが、あるいは郡司層や中央官人化した層が設定されていたのかもしれない。しかし、一般的には空位ならぬ空戸であったものと思われる。

一方、三政戸として三ランクにわかれるのは、兵士を取り、その兵隊を取ることに絡んでさまざまな労働力などの負担を課すためのランク、つまり、その目安となる戸表記である。たとえば、半布里の場合、上政戸が一〇戸、中政戸が三九戸、下政戸が五戸となっている（表3）。では、上政戸・中政戸・下政戸の基準は何をもってしているのか。おそらく、働き盛りの男、つまり二十一歳から六十歳くらいまでの男子が何人いるかということで、ランクを決めたと考えられる。もっともランクが上がっているもの、つまり、上政戸はこの働き盛りの男が八人か

| | 上政戸数 | 中政戸数 | 下政戸数 |
|---|---|---|---|
| 三井田里（完） | 11 | 21 | 18 |
| 半布里（残） | 10 | 39 | 5 |
| 春部里（残） | 13 | 12 | 3 |
| 栗栖太里（残） | 4 | 6 | 11 |
| 肩々里（残） | 1 | 0 | 2 |
| 未詳里Ⅱ（残） | 0 | 1 | 0 |
| 未詳里Ⅲ（残） | 0 | 0 | 3 |

［表3］政戸比率

ら五人、中間層である中政戸が四人から三人、一番下の下政戸が二人から一人ということで区別したとみられるのである。

ところが、これは、先ほど、九等戸でみた明瞭なピラミッド型とはまったく違っている。里によって配分に大いなるバラッキがあった。たとえば、半布里では中政戸が非常に多くて、下政戸が少ない。逆に、三井田里では下政戸がかなり多い、というふうに、里によって全然違う。ということは、里や戸の現実をふまえたものと言えよう。

それに対して、九等戸というのは、もちろん住んでいる集団が里によって全然違うのであるが、それを画一的に九ランクに分け、かつ戸数を限定的に配分してピラミッド型に序列化してしまった。しかし、三政戸の場合はそうではない。現実に対応した形跡がある。その現実の中からどういうふうに兵士を取っていくか、税や役を徴収していくかという対策がとられた節がある。

とくに徴兵の場合は、男三人の中から一人の兵士を選ぶのが法的な基準であった。言い換えれば、中政戸のランクの働き盛りの男四人ないし三人の中から兵士一人を選ぶという基準にぴったり合うわけである。この中政戸を基準として、そこから一人の兵士を取るということが基準であったろう。したがって、より下の下政戸では徴兵しないというのが一応の原則であったものと思われる。逆に言えば、徴兵に値しない戸が下政戸である。一方、上政戸の場合、ここは働き盛りの男が多いのであるが、これも原則は一人の兵士を取るということであったらしい。ただし、下政戸から兵士は原則として取れないので、その分だけ上政戸に上乗せをする必要が出てくる。そこで、二人まで兵士を取れるようにしておくというのが限界であったと思われる。上政戸の働き盛りの男が八人でとまっているのは、したがって、意味があることであり、これがもし九人になった場合には兵士が三人取れることになってしまう。しかし、三人取った例はなく、また働き盛りの男が九人いる戸は今のところ発見されていない。九人になったら戸を分けたのであろう。このことは、三人に一人の徴兵原理とやはり合致していた。

## 十一　生きた戸籍

なお、この兵士に関して一点だけ補って終わりとしたい。それは、さきに述べた「歩桙取」、つまり歩兵で桙を持って歩く兵士のことである。この「桙」は木扁で書いてあるので、金属製の鉾ではなくて、木製の桙と考えられる。これについて、興味深い記事がある。つまり、『続日本紀』文武天皇二年（六九八）十一月己卯条によると、十五歳で文武天皇が即位したときに大嘗祭がおこなわれた。そのときに、大楯及び楯桙を立てる行事があった。そして、その大嘗祭に仕えた国が尾張と美濃の二国である。美濃国からも、たくさんの人が参加したらしい。そして、その翌年のことになるが、同じ『続日本紀』文武天皇三年（六九九）九月辛未条によると、「正大弐已下無位已上」の人らに対して、つまり、位を持っている最高ランクの人から位を持たない多くの人までを対象にして、「人別に弓・矢・甲・桙と兵馬とを備ふる」ことを命じている。これらは武器ないし武具であり、弓・矢は前から出てくるのであるが、桙に関してはここで初めて登場する。これは木扁の「桙」である。

すると、文武天皇の即位と大嘗祭を契機として、天皇や国家を守り、あるいは誇負する儀礼的な表象として、特別に桙を持つようなシステムがこの段階で整備されたものと思われる。この後、持統太上天皇が美濃国方面に行幸するが、おそらく、そのときには、この戸籍に出てくる「歩桙取」がたくさん動員されてこの木製の桙を持ち、天皇の一行を守護し、また誇示したのではないかと思われる。そういう意味で、とくに美濃国では「歩桙取」が編成され、戸籍に登録されたものとみたい。そうすると、この戸籍には、その現在史が如実に反映されていることになり、私たちは、生きた戸籍にさらに近づける思いがするのである。

【補注】

本稿は、二〇〇二年十月六日に行われた岐阜県美濃加茂市民ミュージアム主催ミュージアムフォーラム「戸籍が語る702年の『ミノ』と『カモ』」の講演録（『美濃加茂市民ミュージアム紀要』2　二〇〇三年掲載）を改筆したものである。また、主な参考文献は、新川登亀男・早川万年編『美濃国戸籍の総合的研究』（東京堂出版　二〇〇三年）、『「ミノ」「カモ」の古代―御野国戸籍から一三〇〇年―』（美濃加茂市民ミュージアム　二〇〇二年）のほか、岸俊男『宮都と木簡―よみがえる古代史―』（吉川弘文館　一九七七年）、渡辺晃宏「金光明寺写経所と反故文書」（『弘前大学国史研究』81　一九八六年）、杉本一樹『日本古代文書の研究』（吉川弘文館　二〇〇一年）、小倉真紀子「御野国戸籍伝来の背景」（西洋子・石上英一編『正倉院文書論集』青史出版　二〇〇五年）などである。

本書に掲げた戸籍の写真は、宮内庁正倉院事務所の提供によるものである。

# 狐と女

## 一　『日本霊異記』上巻第二話

私は、これまで『日本霊異記』を何回ひもといてきたことであろうか。その『日本霊異記』とは、奈良薬師寺の僧景戒《きょうかい》が平安時代の初め（九世紀前半）に編纂しおわった日本最古の仏教説話集である。三巻から成り、正しくは『日本国現報善悪霊異記《にほんこくげんぽうぜんあくりょういき》』というが、文字どおり日本国の善悪の現報の霊異なるをあらわした記という意味である。したがって、実際にはありえないような奇譚が多く、まことに面白く読めるのであるが、なぜそのようなことが書いてあるのかと真面目に考え始めると、これほど難解な書物はまたないと言ってよい。しかし、この面白さと不可解さが同居する難物は、われわれにその読み解きを誘いかけているようでもある。

たとえば、上巻第二話のタイトルは「狐を妻として子を生ましむる縁」とある。つまり、人間の男が狐を妻にめとって子をもうけたというのであるが、このまま読めばもちろんありえないことである。ただ、人間の女を狐にたとえたのだと解釈してみることは可能かもしれない。しかし、ことはどうもそう単純ではなさそうである。

そのストーリーは、およそ以下のようなものであった。かつて欽明天皇の時代（〜五七一）に、美濃国大野郡（岐阜県揖斐郡大野町あたり）にひとりの男がいて、よき妻を求めて馬に乗り、路をすすんでいた。すると、曠野《ひろの》の中でうるわしい女に出会い、家で生活をともにすることになった。やがて一人の男子が生まれたが、この家の犬も十二月十五日に子を生み、その小犬はいつも女をにらんで吠え続けた。そこで女は、夫にこの犬を殺すように頼んだが、そのまま二月・三月になった。年米を舂《つ》くころになったので、その女は家室《いえのとじ》として稲舂女《いなつきめ》らを差配し、間《けん》食《じき》（昼食）を彼女らに与えようとして碓《からうす》屋《や》に入った。すると、かの犬がその女を咋《く》おうとして追いかけてきたので、女はおそれおののいて野干《きつね》になり（もどり）、籬《まがき》の上にとびのって去ろうとした。これを見た夫の家長《いえぎみ》は、「お前とオレの間には子が生まれた。オレはお前を忘れはしない。これからも〝つねに来《き》て、相寐《ね》よう〟」と言った。女は、夫のこの言葉をたよりに、去ったあとも〝来《き》て寐《ね》る〟ようになったので、その名を〝支都禰《きつね》〟というようになった。その子も〝岐都禰《きつね》〟と呼ばれて、〝狐直《きつねのあたい》〟の姓を負い、力もちで強く、走るのも飛ぶ鳥のように速かったという。

実は狐（野干）であったとする女の話は、けっして日本に古くからあったのではなく、中国説話からの借り物である。平安時代有数の知識人であった大江匡房《おおえのまさふさ》は、『狐媚記《こびき》』という短編をあらわして、狐が人をたぶらかす、つまり「狐媚」する話を少しだけ集めているが、その先例は中国にあると述べている。たしかに中国では、「狐媚」という病気さえあって、それは狐が人にのりうつって、その人に奇怪な言動をとらせるのである（『太平広記《たいへいこうき》』四四七・四五〇など）。『日本霊異記』のかの女が男に「媚《こ》び馴《なつ》き」といわれているのも、このような「狐媚」をモティーフにしていよう。

もとより、狐が必ず女に化けると考えられていたわけではない。「狐媚」はとくに性別を問わないし、また男女関係に限られるわけでもないからである。しかし、その中に狐が女になった話が少なからず含まれていたのも事実であった。すでに四世紀初めころの中国では、「狐は先古の淫婦なり、……化けて狐となる」とささやかれていたのである（『芸文類聚《げいもんるいじゅう》』九五、『太平広記』四四七）。また、八世紀後半の唐で編纂された「広異記《こういき》」によると、人間の男と狐の女との間に生まれた子を人々は〝狐生〟と呼び、その子は天宝（七四二～七五六）末年に十余歳であったという（『太平広記』四五一）。さらに興味深いのは、やはり八世紀後半の唐で記録された『任《じん》氏伝《しでん》』である。それによると、天宝九載（七五〇）六月のこと、鄭六という男が驢《ろば》に乗って長安の街をすすんでいると、「容色姝麗《ようしょくしゅれい》」なる女（任氏）に出会った。男は女の家宅に迎えられて一夜をともにしたが、実はそこは空地で、狐がいてしばしば男を誘っているという噂を耳にする。それでも男は女のことが忘れられず、たまたま再会して生活をともにするようになった。やがて男は転勤になり、なぜかしぶるその女をつれて任地に赴く途中、猟犬が馬上の女をおそい、女はついに亡くなってしまう。犬が狐をおそったのである。この話は、大暦年間（七六六〜七七九）に鐘陵《しょうりょう》（山東省）に住んでいた沈既済《ちんきせい》が関係者から直接聞かされたものであり、のち建中二年（七八一）以降、人々にすすめられて記録化したものであった（『太平広記』四五二）。

　これら唐の奇譚と『日本霊異記』上巻第二話とには、たしかによく似たところがある。『任氏伝』にみえる女の衣装にしても、「白衣」のほかに「紅裳」をたらしていたというが、『日本霊異記』のかの女も、紅《くれない》の襴染《すそぞめ》の裳《も》を着て、優雅に裳襴《もすそ》を引いていたと描写されている。そもそも中国では、狐の女が「紅裳」をよく着るものとみられていたようである（『太平広記』四五〇）。一方、犬におそわれる狐や狐の女の話も中国では数多くあって、「妖狐、もっとも猟犬をおそれる」（『太平広記』四五四）といわれるとおりである。狩猟の現実にもとづくのであろう。ただ、中国も江南では、このような狐はほとんどいなかったと言われている（『南部新書《なんぶしんしょ》』辛《しん》）。

## 三　よい女とわるい女

狐を妻として子をもうけたという『日本霊異記』の説話が、以上のような中国の奇譚を読んで、あるいは伝聞して書き上げられたものであることはほぼ間違いない。中でも、八世紀後半から末にかけて唐で流布した奇譚の影響がとりわけ濃厚なので、この時期の遣唐使帰国便などからその情報を得た可能性が高いであろう。

実は、『日本霊異記』にはさらに狐の登場が七話ほどみられる。このうちもっとも注意を引くのは下巻第三八話であり、ここで編者景戒自身のことが語られている。それによると、延暦一六年（七九七）から二・三年の間、景戒の家室のまわりで夜ごと狐が鳴き、あるいは昼も鳴くことがあって、堂壁に穴をあけて内に入り、仏坐の上に尿をちらかすことさえあった。そして、そのたびに男子や馬が死ぬという災いをこうむったというのである。この景戒の体験譚は、彼が狐に並々ならぬ関心を抱いていたことを物語るだけでなく、その狐のイメージが忌まわしいものであったことを示している。しかし、このような狐のイメージは景戒個人の趣向ではなく、『続日本紀』によると宝亀三年（七七二）あたりから野狐の行動に対する一般的なイメージとしてふくれ上がってきたもようである。あるいは、都城とその生活環境の荒廃にかかわることかもしれないが、一方では、唐での狐にかかわる奇譚が日本に多くもたらされて、忌まわしい狐のイメージを増幅させたことも考えられよう。

だからと言って、『日本霊異記』上巻第二話が唐の奇譚をもとにしてまったくあらたに創作されたものとみるべきではあるまい。そこで、視野をもう少しひろげて『日本霊異記』を読み直してみると、少子部栖軽《ちいさこべのすがる》が雷をとらえる話でもって『日本霊異記』は幕をあけ（上巻第一話）、狐の女の話がこれに続いて（上巻第二話）、上巻第三話は、尾張国愛智《あゆち》郡片輪《かたわ》里（名古屋市中区）の農夫のもとに雷がおちて男子に生まれかわり、その男子は強力《ごうりき》を発揮して鬼をこらしめたり、田に水を引くなどのはたらきをして、ついに元興寺《がんごうじ》の道場法師になったという。そして、中巻に入ると、これらの子孫がそろって登場してくる。まず第四話では、狐の女の子孫である三野狐《みのきつね》という強力の女が美濃国片県《かたかた》郡少川《おがわ》市であくどい商いをしていたので、やはり同じ商いをする尾張国愛智郡片輪里の強力の女にこらしめられ、市から追放されたとある。また第二七話では、道場法師の子孫である尾張国愛智郡片輪里の女が同国中島郡大領《だいりょう》（郡司の長官）の妻として裁縫をよくし、つくった良質の衣服を夫に着せていたところ、国司の逆恨みをかい、これをおそれた家の人によって家から追い出されてしまったという。その後、衣洗いをしていたかの女は、河川を上下する商人の悪態を強力でこらしめたと伝えられている。

以上の四ないし五話は、一組のものとして読まれなければならない。まず、狐の系譜を負う美濃国大野郡や片県郡の者と、雷の系譜を負う尾張国愛智郡片輪里の者とのあざやかな対照化がみられ、いずれも尋常でない力を発揮するが、中でも女の登場に個性が目立つ。これをもう少し具体的にみてみると、狐の系譜は、男を誘い、あでやかな衣裳で身を飾り、市で暴利をむさぼる女の否定的なイメージがつよく、雷の系譜は、農耕をよくし、霊鬼をしりぞける男、あるいは裁縫が上手で、よく洗濯もする女の肯定的なイメージが濃厚である。この点は、景戒が狐を忌まわしいものとしたイメージと矛盾しないし、実は、唐の「任氏伝」に登場する狐の女も、不可解な商売で男の生活を支え、けっして裁縫にたずさわることがなかったと強調されている。あるいは、実際の狐の手や指先の形状から類推された側面もあろう。ちなみに、正倉院蔵の鳥毛立女屛風に描かれた美人は、その衣装、指先の長い爪の様子からして、狐の系譜に属している。顔は狐系ではないが。

　このような二つの系譜のあざやかな対照化は、生産をともなう古代社会における女の評価を二分するものであったと考えられる。すなわち、唐の奇譚をもって増幅させられた狐の女の系譜は、農耕や裁縫をせず、あくどい交易などでもって家庭を形成する、派手好みで男を誘惑する悪女ときめつけられたのであり、狐の女を追い出す犬は、稲春女らを率いて春米などをおこなう家室の家経営に失格のレッテルをはって、家からその女を追放しようとする家共同体の象徴とみなされたのである。もっとも、雷の系譜の女も家から追放されているが、それは過度の裁縫をしたためだというから、女の家経営は容易でなく、つねに追放の試練にさらされていた。古代の女は、妻や母であるまえに家の適切な経営者でなければならなかったのである。

## 四　〝狐直〟とは何者か

そこで最後に、かの美濃の〝狐直〟の正体を明らかにすることはできないものであろうか。たしかに、この〝狐〟こと〝支都禰〟あるいは〝岐都禰〟は、〝来て寐る〟に引っ掛けて創作された単なる語源譚のようにも思えるが、それにしては伝承が多く、その内容もなぜか具体性を帯びている。したがって、中国の江北で伝えられた説話をもとにして、美濃国のある人や集団の性格が語り継がれていた可能性が高い。

その舞台は、まずもって、美濃国の中でも大野郡であった。いわゆる西濃に位置し、東は根尾《ねお》川《がわ》、西は揖斐川《いびがわ》に挟まれている。この大野郡の古代氏族の中で、〝狐〟と同じ「直」姓をもつ集団は、今のところ、「神直《みわのあたい》」しか知られていない。それは、聖武天皇が即位して程ない神亀三年（七二六）二月、美濃国大野郡美和《みわ》郷長の神直三田次《みたすき》が「酢年魚《すあゆ》二斗六升」を平城宮に進上したときの木簡によって知ることができる。すると、この「神直」は「みわのあたい」と言い、美和郷の長であったことになる。のち、この美和郷は大神郷とも表記された。少しさかのぼって、大宝二年（七〇二）、この大野郡の神人大《みわひとのおおき》という人が「八蹄の馬」を献上したと記録されているが、神人大とは、美和郷（もと里）の住民であったろう。

　このように、大野郡で唯一知られる「直」姓は、美和郷（もと里）の有力勢力であり、そのもとに多くの神人《みわひと》集団が居たのである。他に例をみない、同じ「直」姓の〝狐直〟とは、この「神直」姓にひとつのヒントを得た呼称ではなかろうか。ただし、そのヒントは、さらに複合的なものであったろう。

　まず、この「神直」姓に率いられた集団は、酢漬けにした年魚を郷長の名のもとで平城宮に進上していた。おそらく、揖斐川などで捕獲した年魚を加工したのか、交易した年魚を加工したのであろう。そこで、あらためて思い起こされるのは、片県郡少川市に〝狐直〟の子孫がいて、彼女はそこで強力を誇り、暴利をむさぼっていたという説話である。この市は、長良川流域にあったものと思われるが、尾張国愛智郡片輪里の強力女が蛤《はまぐり》を船に積んで交易に向かったところでもあるから、濃尾平野に網の目のような河川交通が展開していたことがよくわかる。そして、この市で、〝狐直〟の子孫は交易相手に「自何来女（いずれより来たれる女ぞ）」と問うたという。これは、交易上の掛け合い言葉であるが、「きつね」が、ここで言う「来女（きつめ）」に近似しているのは大いに気になるところである。「神直」姓に率いられた集団の一員が、年魚を周辺の市で交易していたとすれば、「きつね」という言葉に馴染んでいたとしても不思議はない。

そもそも、この狐の女は、家に蓄えた稲を舂米にして毎年、宮都に送ること、つまり、農業経営を基盤とした国家義務に失敗した者として描かれている。たしかに、その進上も美濃国の負担義務とされていた。しかし、その失格者は、一方で、非農業経営である市の交易に強引な力を、あるいは巧みな知恵を発揮することのできる有資格者でもあったようである。この農業経営と非農業経営との分離ひいては組み合わせは、「神直」姓に率いられた美和郷の性格をそのまま言い表していよう。

もちろん、このような経営の二重性は、美和郷のみの特質ではない。しかし、「直」姓に注目するなら、この美和郷に発した説話体系である可能性はやはり否定しがたい。その説話体系を編集した、問題の『日本霊異記』は、そもそも僧の手になる仏教説話集であるが、この点、奈良時代のものとみられる『新訳華厳経音義私記』の記述が注目される。すなわち、『華厳経』に登場する「狐・狼」について、「狐」は「岐都祢」と読み、「獣鬼」が乗り移っていて、「狐疑不定（疑い深くて決心がつかないこと）」なのだと言う。ついで、「狼」は「犬」に似ており、「大神（おおかみ）」と言うとある。「狐・狼」は、『法華経』でも登場する、仏経典お馴染みの動物たちであった。今、仏教界におけるこの知識に従えば、「狐」は「大神」と対になってとらえられており、しかも、「大神（おおかみ）」は「おおみわ」とも言われ、美和郷や「神直」「神人」姓の「みわ」に同じである。したがって、この点からも、「狐直」が「神直」と合わせて想起される必然性を認めてよかろう。

さらに、「狐直」とその子孫（男女の区別はないが、登場人物は女に限られる）は強力であり、鳥が飛ぶように素早かったという。一方、奈良時代では、力婦《りきふ》と呼ばれる強力の女が諸国から貢上され、主に縫殿寮《ぬいどののつかさ》で勤務していたらしい。その職務は、後宮官人の勤務評定事務や裁縫に従事したとされる。しかし、実際には、裁縫自体をしたのではなく、その材料や製品の運搬・整理・保管などの実務に携わったものとみられる。たしかに、腕力や体力を要求される職務であった。

「狐直」やその子孫が、はたして、このような力婦になったものかどうかはわからない。しかし、美濃国は、加工した年魚や舂米とともに、絁《あしぎぬ》（絹）や紙を貢納することでも著名であった。とくに、繊維製品の貢納は、力婦ともかかわりが深い。事実、大野郡に近い美濃国西部の不破郡では、機織の伝承地として「引津根の丘」が知られている。「引津根」は「曳常」「引常」とも書くが、この「ひきつね」は、なぜか「きつね」と音が類似している。これが偶然でないとすれば、縫殿寮に勤務する美濃の力婦の様が、「狐直」伝承をさらに増幅させた一面もあろう。

また、美濃国は造兵司《つわものづくりのつかさ》の雑工人を提供していた。実は、大野郡には「工部」姓や「工人」姓の人々が多い。「工人」の一人は、名を「鳥」と言う。彼らは男であり、武具などを製作していたのである。このような雑工人集団の働きぶりも、「狐直」伝承を広め、定着させることになったのではなかろうか。

いずれにせよ、「神直」姓が「神人」姓らを率いて統治する美濃国大野郡美和郷の地と、その地に課せられた生業や家経営の実情とを起点にして、周辺地域での河川交通を利用した市の交易、そして、宮都に上って勤務する縫殿寮や造兵司での労働などが、「狐直」伝承を生み出し、拡大させていったものと考えられる。それは、多分に複合的な要素をもっているが、基本的には、稲作や家内の経営に対峙させた非農業系の諸生業を、農業と家経営の立場から逆説的に貶めた伝承体系であり、当時の国家や社会がたてまえとした農業（稲作）本位のサイクルと価値観とをよく開陳したものと読み取ることができる。

したがって、このような形で〝狐直〟伝承を編集した『日本霊異記』は、非農業（稲作）系の諸生業に罪業の現報を見て取り、これを例示しながら仏教喧伝の効果を上げようとしていたことになる。逆に言えば、農業（稲作）のサイクルに基盤をおく国家と社会は免罪ないし無罪の領域であり、いわば聖域なのであって、ここに仏教の、あるいは日本の仏教の体質が現れている。『日本霊異記』をもって、国家仏教に反抗した民衆仏教の主張であるなどと言うべきでないことは、この点からも明らかである。

【補注】

本稿は、『れきし』62（ＮＨＫ学園、一九九八年）に掲載された「『日本霊異記』の狐と女」に、大幅な加筆を施したものである。その過程で、早川庄八『日本古代の財政制度』（名著刊行会　二〇〇〇年）などを参照した。

# 二章　消費都市の繁栄と影

# 山上憶良と新「日本」の都市民

## 一　謎の山上憶良

今日、山上憶良は非常に有名な人物である。しかし、実はよくわからない人物でもある。まず、彼には子供がいたらしい。その子供に関する、あるいは子供ではないかと思われる人の歌を紹介しよう。

射《い》水郡《みずのこおり》の駅館《やっかん》の屋《や》の柱に題著《しる》せる歌一首

朝開《あさびら》き　入江漕ぐなる　梶の音《おと》の　つばらつばらに　我家《わぎへ》し思《おも》ほゆ（巻十八・四〇六五）

右の一首、山上臣《やまのうへのおみ》の作。名を審《つばひ》らかにせず。或《ある》は云はく、憶良大夫《おくらだいぶ》の男《こ》、といふ。ただし、その正名未《いま》だ詳らかならず。

これは、「射水郡の駅館」、つまり、越中国射水郡の駅の館（富山県高岡市）の柱に書き記した歌である。この駅館は、水路上の駅でもあった。この歌を実は山上某が書いたのだと伝えられているのである。そして、その人物が憶良の男子ではないかという一説が残されている。もしそうであるならば、憶良の息子が、この地域あるいは越中国の国府あたりにいたのか、あるいはそこを通過したのかもしれない。駅館でながく待たされていた可能性もある。

また、『万葉集』巻五には、古日《ふるひ》という名の息子が憶良にはいて、彼が親より早く死んだので、憶良が大変悼んで悲しんで歌った歌というのが残っている。だから男子がいたことは間違いないであろう。

しかし、その他の家族については、よくわかっていない。では、一族と考えて間違いない者にどのような人がいるのか。たとえば、神護景雲二年（七六八）、ちょうど天皇は聖武の娘、称徳天皇であるが、その時期の記録として都の右京の人に山上臣船主《ふなぬし》という人物がいた。この人ら一〇人に朝臣姓を賜ったという記事がある。それは「右京の人、従五位上山上臣船主ら十人に、姓、朝臣を賜ふ」（『続日本紀』神護景雲二年六月壬辰条）というものである。この船主と憶良の関係は、よくわからないが、一族であることは多分間違いがない。

ここで注意したいのは、この七六八年、つまり奈良時代の後半になって初めて、山上氏は臣姓から朝臣姓になったということである。逆に言えば、それ以前は朝臣姓ではなく、臣姓であった。奈良時代のこの時期まで臣姓であり続けるというのは、さほど有力な一族ではなかったことを物語っていよう。

　ところが、この船主は、のちになって、次のような事件を起こす。「従四位下三方王《みかたのおおきみ》・正五位下山上臣船主・正五位上弓削女王《ゆげのおおきみ》等三人、同じく謀りて乗輿《じょうよ》を厭魅《えんみ》することに坐《つみ》せらる」（『続日本紀』延暦元年〔七八二〕三月戊申条）、と。つまり、時の天皇光仁が亡くなった。そのときに、皇位継承に絡んだクーデターが起き、大伴家持もこのときに連座するのであるが、その事件の中枢に船主がいたというのである。「乗輿を厭魅」したと記録されている。乗輿というのは天皇のことであり、厭魅というのは呪い殺しというか、要は、呪いをかけたということである。厭魅の中身はよくわからないが、さまざまな方法があったかと思われる。いろんなまじない札のようなものをつくって呪い殺そうとするとか、あるいは、それこそ五寸釘（実際は木製）をわら人形に打つとか、また、髪の毛などをしゃれこうべの中に入れて佐保川に浮かべるとか、さまざまな方法が予想される。いずれにせよ、まじないごとであり、そういうことを行ったというのだ。

　しかし、逆に言えば、これも一種の技術であって、だれにでもできることではない。この山上朝臣船主という人は、そういう特殊な呪術の技能を持っていた人だと言える。すると、山上家はそういう技能を持っていた氏族であるということになる。この船主という人は、これをもって隠岐国に流されたのである。

ついで、『日本文徳天皇実録』嘉祥三年（八五〇）五月壬午条に、嵯峨天皇の皇后であった橘嘉智子《かちこ》が亡くなり、埋葬したという記録が載っている。それによると、嘉智子の父に橘清友という人がいた。清友は奈良時代を生きた人であるが、この人は幼くしてすぐれ、長じては「身長六尺二寸、眉目画《びもくえが》けるが如く、挙止甚だ都《みやびやか》なり」と評されていた。一八〇センチを越えるような、当時としては非常に長身の都会風美男子だというのである。ただ、長身というのは外国向けにはうける身長であり、遣唐使なども長身の人がわざわざ任命されるということがあった。向こうへ行って絵をかいてもらったりしなければならないので、それに耐えられる身体ということも必要なのであった。

この非常に背の高い清友がまだ未成年のころであった宝亀八年（七七七）に、高麗国から使いがやってきた。この場合の高麗とは、渤海《ぼっかい》のことである。つまり、渤海から使者がやってきて、この若い清友を使者の史都蒙《しともう》が見て、その人相に驚いたというのである。「史都蒙、之を見て、之を器《あや》しむ。通事舎人山於野上《やまのうえののがみ》に問うて云う、彼《か》の一少年は、何人たるか」、と。一体あの子は何者だ、と通事に、要するに通訳の山於野上に聞いたのである。だいたい、渤海から来る使者はよく人相見をするのであるが、史都蒙もその一人であった。「都蒙相法《そうほう》に明るく、野上に語りて云う、此の人の毛骨、常ならず、子孫大貴《たいき》ならん」とあり、清友が大変な相をしていると言ったというのである。

そこで、山於野上が聞き返した。ではあなたは人相見ができるのなら、あの人の寿命はどのぐらいでしょうか、と尋ねたのである。「野上云う、請うらくは命の長短を問わん。都蒙云う、三十二に厄《やく》あり。これを過ぎなば恙《つつが》なし」、と。答えは、三十二が厄であるが、それを過ぎたら何とか生きれるのではないかというものであった。後にそれがぴったりと当たってしまい、不幸にも三十二歳で亡くなったという。

ここで問題にしたいのは、山於野上という人の方である。この「山於」とは、のちに述べるように「山上」のことであり、山上氏には中国語を含めた通訳能力のある人がいたということと、相を見ることについても理解があったということ、こういう特殊技能を持っている一族だということになろう。

## 二　山於億良から山上臣億良へ

では、当の本人、山上憶良はどういう人物なのか。実は、彼が正確な記録に初めて登場するのは、『続日本紀』大宝元年（七〇一）正月条においてである。時に天皇は文武。そして、文武天皇の祖母が持統太上天皇であった。天皇の父は草壁皇子であり、この人は早く死んでいる。つまり、天武天皇の孫が文武天皇であり、祖母が孫を後見していたことになる。この文武天皇の息子が、のちの聖武天皇である。

さて、この大宝元年（実は文武五年）正月には、およそ三十年ぶりに遣唐使が任命された。その最高責任者になったのが粟田朝臣真人《まひと》であり、職名を遣唐執節使と称した。これは大使よりも上位にある別格の存在であり、節刀という刀を携行していた。この粟田朝臣真人は中国（当時は、則天武后の周王朝）で大変評判になり、学問、文才、容姿が賞賛されている。おそらく長身でもあったろう。しかし、これを逆に言えば、練りに練った人選だと考えられる。

この人を筆頭に何人かの首脳部が任命された。そして、『続日本紀』のこの遣唐使任命記事の最後に「无位《むい》山於億良を少録」としたと書かれている（大宝元年正月丁酉条）。これが、確かな記録に出てくる山上憶良の初登場である。時に年齢は、四十二歳であったと推算できる。もはや中高年であった。

ところが、これ以前の憶良の消息はまったく不明である。これについては、万葉学者あるいは歴史学者を含めてさまざまな憶測がなされてきた。渡来人であろうか、日本人（適切な概念ではない）であろうか、と。現在では、大和国添上郡の山辺（ヤマノへ）郷の地を本居とした氏族であり、粟田氏と同族であるから、真人の推挙のもとで、遣唐使に加えられたものとみられている。

ただ、ここで言えることは、まず「无位」であるから、彼は下級官人でさえなかった。その意味でも、真人の強力な推薦があったらしい。真人は、無名の憶良に隠れた才能を見抜いていたのだろうか。

また、この任命記事では「山於億良」と記録されており、私たちが知っている「山上憶良」とは書かれていない。『万葉集』では全部「山上憶良」となっているので、それが定説化しているが、恐らく最初は「山於億良」と書いていたのであろう。事実、「井上」を「井於（イノウへ）」と表記する例がある。また、「良」は古代人名の語尾によく用いられる文字であり、「ラ」と言う。さらに、「億」も古代人名に用いられる場合があるが、「お」と言って、「億良」を「おら」と呼んだ可能性もある。その場合の「億（オ）」は、大きいという意味になろう。

では、なぜ今のような文字の表記に変わったのであろうか。それは、山上憶良が遣唐使の一員として中国に渡ったことが大きな要因になったと考えられる。

まず、彼は中国において日本を思う歌、つまり母国を思う歌をつくっている。

山上臣憶良、大唐《もろこし》に在る時に、本郷《もとつくに》を憶《おも》ひて作る歌

いざ子ども　早く日本《やまと》へ　大伴の　三津《みつ》の浜松　待ち恋ひぬらむ（巻一・六三）

と歌ったという。「いざ子ども」というのは、今言う親子の子どもという意味ではなくて、遣唐使一員を「子」と呼んでいる。ついで、「早く日本へ」の「日本」については、『万葉集』の研究者たちは「ヤマト」と読んでいるようであるが、漢字表記としては「ニホン」ないし「ニッポン」と書いてあることは間違いない。ところが、「日本」と書くことは非常に珍しいのであり、それまでは「倭」と言っていた。

実は、このときの遣唐使が中国へ入ったときに、国名のことを聞かれ、「日本」と答えている。このときをもって初めて、「日本」国号が国際的に認知されたのである。おそらく、このときの遣唐使は、「日本国王」(天皇ではない)と書いた文書を持参していたのであろう。

また、『懐風藻《かいふうそう》』という奈良時代の漢詩集に、弁正《べんしょう》という僧の作品が載っている。この弁正も山上憶良と一緒に中国に入ったが、日本に戻らなかった人である。非常に囲碁が上手で、玄宗皇帝とやり合ったと言われているが、囲碁の名人は中国で大変もてはやされた。なお、彼は中国の女性と結婚し、その間に生まれた男子の一人が日本に帰っている。その弁正が中国で詠じた詩の中にやはり「日本」が登場する。

五言。唐《もろこし》に在りてもとつくに本郷《もとつくに》を憶《おも》ふ。一絶《いちぜつ》。(弁正)

日辺《にっぺん》日本を瞻《み》、雲裏雲端《うんりうんたん》を望む。遠遊遠国《えんゆうえんごく》に労《いた》き、長恨《ちょうこん》長安に苦しぶ。

ここでまず注意したいのは、西方の異国（当時は則天武后の周）にあって東方の「日本」を自覚したことである。ついで、「本郷を憶ふ」というタイトルがついていることである。このタイトルは、さきの『万葉集』の山上憶良作歌の題詞とほぼ同じであり、その「憶ふ」というのは憶良の「憶」という文字に等しい。したがって、山上憶良の「億」が今のような「憶」に変わってきたのは、彼が遣唐使になり、そして、帰ってきてからその字を使い始めたのではなかろうか。あるいは、その字の使用が認められたのではなかろうか。しかし、それだけではないだろう。

『続日本紀』和銅七年（七一四）正月甲子条によると「正六位下…山上臣憶良…に並に従五位下（を授く）」とあり、山上憶良が七一四年以前に既に正六位下であったことがわかる。そして、このときに正六位下から従五位下に昇った。五位に昇るということは、いわば貴族になることであるから、六位と五位では雲泥の差となる。また憶良は、二年後の七一六年には従五位下で伯耆守《ほうき》に任命された（『続日本紀』霊亀二年四月壬申条）。

ここで注意したいのは、憶良が七一四年以前に既に正六位下になっていたことである。そもそも、彼が中国に出発する時には位がなかったのであるから、帰ったときに正六位下を授与されたらしい。これは、何階級特進というか、異例中の異例である。おそらく、彼が中国に入ったことの何らかの功績、そして学んできたことへの何らかの評価を得て破格の昇進を遂げたのであろう。同時に「山於」は「山上」となり、ここに「山上憶良」が名実ともに誕生したものとみられる。ただし、一族の中には「山於」のままの家があり、憶良の家だけが「山上」となった可能性がある。さらに、「臣」姓も、このとき、憶良の家にのみ賜与されて「山上臣」を初めて称すことになったのであろう。

次に、和銅七年という年はいかなる年かというと、文武天皇の幼子であった首《おびと》親王、つまり後の聖武天皇が十四歳をもって皇太子になったときであった。したがって、この昇位は、この首親王が皇太子についたことと連動する可能性があろう。

というのは、同じく『続日本紀』に伝える養老五年（七二一）の正月のときの記録が注目されるからである。それによると、「庚午、従五位上左為王《さいのおおきみ》、従五位下伊部《いべ》王、正五位上紀朝臣男《お》人《ひと》・日下部宿禰老《おゆ》、従五位上山田史三方《みかた》、従五位下山上臣憶良・朝来《あさこ》直賀須夜《かやす》・紀朝臣清人、正六位上越智直広江・船連大魚《おおうお》・山口忌寸田主、正六位下楽浪《さざなみの》河内、従六位下大宅朝臣兼麻呂、正七位上土師《はじ》宿禰百村《ももむら》、従七位下塩屋連吉麻呂・刀利宣令《とりのせんりょう》らに詔《みことのり》して、退朝の後、東宮に侍らしめたまふ」とある。つまり、山上臣憶良を含む一団が「退朝の後、東宮に侍《はべ》らしめたまふ」、という。こうして、彼らは午前中に官庁に出て、仕事が終わった後、東宮、つまり首皇太子のもとに、侍ることになった。今日流にいえば、家庭教師と考えたらよいであろう。ここに名前が連ねられているのは、それぞれ文章にたけた人、学問にたけた人などであり、山上臣憶良もそういうたぐいの知識人として、あるいは技術力を持った人として、非常に尊重されて皇太子の家庭教師になったということになる。

## 三　皇太子の家庭教師

では、彼が皇太子の家庭教師になった間、どのようなことをしたのであろうか。そこで、次の『万葉集』を見てみよう。

山越《ご》しの　風を時じみ　寝る夜おちず　家《いえ》なる妹《いも》を　かけて偲《しの》ひつ（巻一・六）

右、日本書紀に検《ただ》すに、讃岐国に幸《いでま》すことなし。また軍王も未《いま》だ詳《つばひ》らかならず。ただし、山上憶良大夫《まへつきみ》の類聚《るいじゅう》歌林《かりん》に曰く、「記に曰く『天皇の十一年己亥《きがい》の冬十二月、己巳《きし》の朔《つきたち》の壬午《じんご》、伊予の温湯《いでゆ》の宮に幸す云々』といふ。一書に『この時に、宮の前に二つの樹木あり。この二つの樹に、斑鳩と比米《ひめ》との二つの鳥大《いた》く集《すだ》けり。時に勅して、多く稲穂を掛けてこれを養《か》はしめたまふ。すなはち作る歌云々』といふ」といふ。けだしここより便《すなは》ち幸すか。

ここに、「山上憶良大夫の類聚歌林に曰く」とある。つまり、山上憶良は「類聚歌林」という一種の歌集をつくっていたのである。どうもこれは歌だけ並べたのではなくて、この歌はどういう時につくったのか、何年にだれがつくったのかということなどを注釈つきで集めたものであった。

この「類聚歌林」は、恐らく首皇太子の教育書になったのであろう。テキストとして編集されたと考えられる。なぜそのようなことが言えるのかというと、たとえば、今ここで取り上げた「山越しの」云々という歌について、「記に曰く、『天皇の十一年己亥の冬十二月』云々」と出てくる。こういうことが「類聚歌林」には書かれていた。

天皇というのは舒明をさしているが、時に六三九年、その天皇が伊予の道後《どうご》温泉に行幸した。そのときにつくった天皇の歌である、というわけである。また、「一書に」、つまり別の記録によるというものも、やはり「類聚歌林」が引いてくるのであるが、伊予の道後温泉に宮殿、離宮があって、その宮殿の前には二つの樹木が立っている。この二つの木に斑鳩と比米という二つの鳥が集まってきて巣をつくる云々というようなことが説かれている。

実はこの一節は、『伊予国風土記』と文章がほとんど同じであり、「風土記」との関係が問われてくるが、いずれにせよ、伊予の湯に天皇が行幸したときの歌であるとする。ということは、これから首皇太子が即位して天皇になったとき、あるいは、今、皇太子として、どこかに行幸ないし行啓したときの一つのサンプルとしてこういうふうに歌うのですよ、と説いたふしがある。また、あなたの先祖（首皇太子の父方直系の祖）の天皇はこんなことをしましたよ、ということの参考にしたものと考えられる。

難波高津宮に天の下治めたまふ天皇の代《みよ》　大鷦鷯《おおさざき》天皇、諡《おくりな》を仁徳といふ

磐姫皇后《いわのひめのおおきさき》、天皇を思ひて作らす歌四首

君が行き　日《け》長くなりぬ　山尋ね　迎へか行かむ　待ちにか待たむ（巻二・八五）

右の一首の歌は、山上憶良臣の類聚歌林に載せたり。

それから、右の『万葉集』の歌も山上憶良の「類聚歌林」に入っていたと言われている。一体どういう状況を歌った歌かというと、「難波高津宮」を構えた仁徳天皇の時の皇后が磐姫であった。そして仁徳天皇が長期の行幸をおこない、皇后は長く宮で待っていたので、この歌を唱ったというのである。これは、『日本書紀』や『古事記』に出てくるストーリーと符合するところもあるが、仁徳天皇がほかの女性に心を寄せたために、この磐姫が大変怒って家を出てしまった。そこで何とか帰ってくれと大騒動になったという場面もある。しかし、「類聚歌林」の中にそこまで書いてあったものかどうかはわからない。

ここでなぜこの歌を紹介したかというと、磐姫が問題になるからである。実は、聖武天皇の皇

后に光明子《こうみょうし》を立てる時、引き合いに出されたのがこの磐姫であった。そもそも、光明子が皇后に立つことは尋常でなかった。なぜなら、彼女は臣下の、しかも伝統のない氏族の娘であり、皇后になれるような身分ではない。しかし、実家である藤原氏の後押しもあって、何とか彼女を皇后に立てたいということになり、そこにはいろいろな理屈、理論が持ち出されてくる。その一つの理論が磐姫の例であった。

どういう例かというと、磐姫の父は葛城襲津彦《かづらきのそつびこ》という人物であったとされる。彼が実在したかどうかは明確でないが、朝鮮半島関係の史料と比較すると葛城襲津彦という人物は実在した可能性が高いと言われている。その葛城襲津彦の娘であるということは、大王家の娘ではない。つまり臣下の娘を皇后に立てている例だということになって、光明子を皇后に立てるときに磐姫を持ち出してきたのである。そういう先例があるのだから、光明子も立派な皇后になれる資質があり、また、光明子の父である藤原不比等も、葛城襲津彦に匹敵する人材であるから、光明子も間違いないというわけである。そして、たとえ臣下出身の皇后でも、磐姫の先例にならって、天皇をよく支え、天皇と協力し合って政治をおこなうことができると推奨したことになる。この政治の方式を、このとき、「しりへの政《まつりごと》」と呼んでいる。

したがって、この磐姫の歌を山上憶良が殊さら「類聚歌林」に取り込んでいるのは、やはり首皇太子の、あるいは聖武天皇のそば近くにいて、立后にも力をかしたという、その論理補強のために取り入れていると考えられる。これらの例からしても、この「類聚歌林」は首皇太子の家庭教師用のテキストとして編纂されたものとみられる。

## 四　七夕と相撲

この家庭教師の時期には、憶良は当然、平城京にいた。やがて聖武即位後の神亀三年（七二六）ころに、彼は筑前国守に赴任する。そして、大宰帥《だざいのそち》として大宰府に在任中の大伴旅人の歌宴が開かれる時代になり、その歌宴にしばしば憶良は参加するようになった。この前後の時期に目立って多いのが、七夕に関する歌である。

山上臣憶良の七夕の歌十二首

天の川　相向き立ちて　我《あ》が恋ひし　君来ますなり　紐解き設《ま》けな（一に云ふ、「川に向かひて」）　（巻八・一五一八）

右、養老八年七月七日、令に応《こた》ふ。

ひさかたの　天の川瀬に　舟浮けて　今夜《こよひ》か君が　我《わ》がり来《き》まさむ　（巻八・一五一九）

右、神亀元年七月七日の夜に、左大臣の宅にして

たぶてにも　投げ越しつべき　天の川　隔《へだ》てればかも　あまたなすべき　（巻八・一五二二）

右、天平元年七月七日の夜に、憶良、天の川を仰ぎ観《み》る。〈一に云はく、帥《そち》の家にして作る、といふ。〉

玉かぎる　ほのかに見えて　別れなば　もとなや恋ひむ　逢う時までは　（巻八・一五二六）

右、天平二年七月八日の夜に、帥《そち》の家に集会《つど》ふ。

ここに紹介したのは、十二首とされるうちの一部であるが、彼の歌った七夕の歌としては一五一八番がもっとも古いと考えられる。それは養老八年（七二四）七月七日のものであり、実はこの年の二月に聖武は既に即位をしている。ここに「令に応ふ」とあるが、もし、これが誤りでないとすれば、この「令」というのは皇太子の命令をさすので、即位後とはいえ、一応、皇太子が歌うように命じたという意味になる。

次の一五一九番には、「神亀元年七月七日の夜」とあるが、これも実は養老八年と同じ年であった。聖武が即位をして、年号が養老八年から神亀元年に変わったのである。両眼の赤い白亀

が出現したということで改元されたという。そして、この年の七月七日の夜に左大臣長屋王の邸宅でやはり七夕の歌を歌った。となると、この日の昼は皇太子（天皇）の宴席で、夜は左大臣の宴席で七夕の行事をおこなったことになる。もちろん、平城京においてである。さらに、一五二二番では、天平元年（七二九）七月七日（正確には、天平改元直前の神亀六年）にやはり七夕の歌を歌っている。これは「帥の家にして作る」であるから、大宰府の長官の大伴旅人の邸でみんな集ってつくった歌である。すると、七二九年には、既に筑前に国守として赴任していたということになる。

そして、一五二六番の歌によると、その翌年、つまり天平二年、今度は七月八日であるが、やはり旅人の邸で七夕の歌を歌ったという。

実は、日本で歌われた七夕の歌としては、『万葉集』巻十・二〇三三番に載せられている庚辰年（六八〇年か）のものがもっとも古いのではないかと言われているが、なぜか山上憶良が最初に歌った養老八年の少し前ぐらいから、七夕行事が日本で爆発的に流行し始めている。

そのことは、『続日本紀』養老三年（七一九）条の「秋七月辛卯、初めて抜出司《ぬきいだしのつかさ》を置く」という記事、つまり養老三年の七月四日に「抜出司」という役所を置いたという記録からわかる。これは、役所か役人かやや曖昧なところがあるが、「抜出《ぬきで》」というのは選抜ということであった。文字どおり抜き出すということであり、後の相撲司に当たるとみられている。ただ、平安時代になると、相撲の節の翌日におこなわれる特番の相撲を「抜出」と言った。しかし、いずれにせよ、七夕行事は、実は相撲と密接に結びついていたのである。

『続日本紀』の神亀五年（七二八年）四月辛卯条によれば、次のような命令が出されたという。要は、以下のような人々の扱いが問題になったのである。まずは「騎射《うまゆみ》」。これは、馬に乗って弓を射る特殊技能の持ち主である。それから相撲を取る者。ついで「膂力者《ちからのひと》」。この場合の「膂力者」とは、力もちの女性という意味だ。「力女」という場合もある。こういう人たちを国郡の役人が競って平城京の王家や貴族たちの家にどんどん送り込むという現象が起きていた。そこで、これを禁制しようとしたのである。なぜなら、たとえば相撲であれば、七月七日までに朝廷から公式の命令を国郡に出して、そして相撲取りを七夕の行事に間に合うように国郡が選抜し、中央政府へ送ってもらいたい。しかし、それをする前に既に民間で勝手に先物買いではないが、相撲取りを競って奪い合う現象がおきており、それでは困るという命令が出されたのであった。

ということは、相撲と結びついた七夕行事が民間というか上級貴族の間でも、かなり爆発的に新しい流行になっていたということがわかるのである。

その公私にわたる流行ぶりの一端を紹介しよう。たとえば、「秋七月丙寅、天皇、相撲《すまひ》の戯《わざ》を観《みそなは》す。是の夕《ゆうべ》、南苑に徙《うつ》り御《おは》しまして、文人に命《おほ》せて、七夕の詩を賦《ふ》せしめたまふ」（『続日本紀』天平六年〔七三四〕条）とあるように、夕方から夜にかけて、七夕の詩をみんなに読ませ、その前の昼には、相撲を観覧している。

また、その相撲取りをどんどん地方から送ってくる記録も残されている。

廾日　向京《きょうにむかう》　傳使《でんし》〈長門国相撲人三人、廝《かしわで》人一人、合せて四人／往来八日食稲十二束、酒一斗九升二合、塩六合四夕〉

廾一日向京傳使〈周防国相撲人三人、往来六日食／稲七束二把、酒一斗四升四合、塩三合六夕〉

（以上、天平一〇年度〔七三八〕『周防国正税帳』六月）

向京《きょうにむかう》　当国相撲人参人《とうごくのすもうびとさんにん》、二箇日を経る食料、稲二束四把、塩一合二夕、酒六升……敦賀郡

（天平四年度〔七三二〕『越前国郡稲帳』）

一、廾三日進上相撲人　蝮部臣《たじひべのおみ》真嶋《ましま》等二人の事

右、便りに真嶋に附して進上す

（天平六年〔七三四〕『出雲国計会帳』六月）

周防国や長門国から、あるいは越前国や出雲国から相撲取りを平城京へ七月七日に間に合うように送っていることがわかる。その場合、だいたい、相撲取りを一国から三人送るのが平均であったようであり、路次で食料を与えつづけた。やはり一般の人間よりはこの相撲取りは大変食

べたようであり、そういう財政上の問題もあって次第に困難になっていく傾向にあった。しかし、いずれにしても七月七日に間に合うようにということで盛んに相撲取りが送られていったのである。

熊凝《くまごり》のためにその志を述ぶる歌に敬《つつし》みて和する六首〈幷せて序〉

筑前国守山上憶良

大伴君熊凝は、肥後国益城《ましき》郡の人なり。年十八歳にして、天平三年六月十七日を以て、相撲《すまひの》使《つかひ》某国司官位姓名の従人《ともびと》となり、京都《みやこ》に参《ま》ゐ向かふ。天に幸《さきはひ》あらず、路に在りて疾《やまひ》を獲《え》、即ち安芸国佐伯《さへき》郡高庭の駅家《はゆまうまや》にして身故《みまか》りぬ。……

（巻五・八八六以下題詞）

これは筑前の国守であった山上憶良が述べた文章であり、その後に歌が付くのであるが、まずもって、天平三年（七三一）六月十七日、つまり七月七日に間に合うように相撲使が相撲取りを実際に連れて西海道から山陽道を経て平城京へ向かったことが記されている。そのときに、安芸国、つまり今の広島県の西の方で使者の従人が若くして病気で死んでしまった。その残された父や母のことを思って哀れんで山上憶良が詠んだというのがこの文章であり、続く歌なのである。

ついで、今度は山上憶良ではないが、大伴旅人が大宰府にいたときに、平城京のある人と手紙の往来をしていた。それに対して平城京の方から旅人に返事をよこした内容が『万葉集』に伝えられている。

宜《よろし》い啓《まを》す。伏して四月六日の賜書《ししょ》を奉《うけたま》はる。跪《ひざまづ》きて封函《ふうかん》を開き、拝《をろが》みて芳藻《ほうさう》を読む。……伏して願はくは、万裕日《まんいう》に新たならむことを。今相撲部領使《すまひのことりつかひ》に因《よ》せ、謹みて片紙《へんし》を付く。宜い謹みて啓す、不次《ふし》。

（略）

天平二年七月十日

（巻五・八六四〜七の序）

この返事は、相撲使が平城京から帰る時に、その使者に言づけて手紙を大宰府へ送ったものである。だから、七月十日なのだ。七月七日の行事は済んでおり、本国へ帰る使者に手紙を寄せたのであった。

このように、七夕、相撲、そして相撲取りの往来というものが非常に頻繁になっていて、その往来に手紙を言づけることが行われていた。すると、相撲の使者は郵便の配達人でもあったと言えようが、これに対して古代の人たちが大変な関心を示していたことは事実である。それはやはり、天の川を挟んで牽牛、織女の二つの星が別れ別れになっているということに思いをはせて、手紙をその便に授けるという気持ちが非常に意図的にあったからであろう。と同時に、都から地方へ赴任してきた役人たちが都と離ればなれになっている時に、つまり、戻ろうとしても戻れない時に、七夕に託して歌うということが盛んに行われたのであった。

## 五　中国文明との接触

ところが、同時代の漢詩集の『懐風藻』の中の七夕に関する作品は、『万葉集』とかなり趣を異にしている。初めに、不比等の息子の藤原朝臣房前の作品を紹介しよう。

五言。七夕。一首。（藤原朝臣房前）

帝里《ていり》初涼《しょりょう》至り、神衿《しんきん》早秋を翫《はや》したまふ。瓊筵《けいえん》雅藻《がさう》を振ひ、金閣良遊《りょうゆう》を啓《ひら》く。鳳駕《ほうが》雲路に飛び、龍車漢流を越ゆ。神仙の會《あい》を知らまく欲《ほ》りせば、青鳥瓊楼《けいろう》に入るといふことを。

次は、藤原朝臣不比等の作品である。「史」とは、不比等のことである。

五言。七夕。一首。（藤原朝臣史）
雲衣《うんい》両《ふた》たび観る夕、月鏡一たび逢ふ秋。機《はた》を下るは曾《そう》が故《ゆえ》に非ず、梭《ひ》を息《や》むるは是威猷。
鳳蓋《ほうがい》風に随ひて轉《うご》き、鵲影《じゃくえい》波を逐ひて浮かぶ。面前短楽開けども、別後長愁を悲しぶ。

この人たちの詩を読んでみると、もちろん別れとか、なかなか会えないという意味合いはあるのであるが、最初の方の詩では、「神衿」とか「鳳駕雲路に飛び」とか「龍車漢流を越ゆ」とか、あるいは「青鳥瓊楼に入る」というふうな詩句が注目される。あるいは、その次の不比等の詩でも、やはり同じように「鳳蓋風に随ひて轉き」などとあって、こういう言葉の言い回しや、文章のつくり方は、明らかに中国的な神仙思想や世界観の影響が見て取れる。要するに、天文を見て悠久の自然の大きな動きというもの、この世のものではないものをそこに思い描いて歌うということが、たとえ虚飾であっても、漢詩文の中ではストレートに出てくるのである。

そこで、さらに中国の例も見てみよう。もちろん男の星と女の星が、なかなかうまく会えないというような悲しみが歌われているところもあるが、かなりさまざまな要素を持っている行事であったことがわかる。

迢迢《ちょうちょう》たる牽牛星、皎皎《こうこう》たる河漢の女《むすめ》。繊繊《せんせん》として素手《そしゅ》を擢《あ》げ、札札《さつさつ》として機杼《きちょ》を弄《もてあそ》ぶ。

終日章《あや》を成さず、泣涕零《お》ること雨の如し。河漢は清く且つ浅し、相い去ること復《ま》た幾許《いくばく》ぞ。
盈盈《えいえい》たる一水の間、脉脉《ばくばく》として語るを得ず。（古詩十九首、『文選』巻二十九）

右は、男女の会いがたいことを、女性の機織りの様子にからませて、詠じたものである。ここには、七夕詩の原典とも言える『詩経』の中の語が巧みに盛りこまれている。
さらに、隋初の杜台卿《とたいけい》が著わした『玉燭宝典《ぎょくしょくほうてん》』は、七夕に関する文や詩を多く引用している。さきの『文選』の古詩も採られているが、少し、別の例を紹介しよう。

風に沿いて弱縷《ほそいと》を披《なび》かせ、暉《つき》を迎えて玄針を貫く（「宋孝武七夕詩」）

南方の人家の婦女、綵縷《いろいと》を結び、七孔の針を穿ち、あるいは金・銀・鍮《ちゅう》をもって針をつくり、瓜果《うり》を中庭に設け、もって巧を乞う（「荊楚記」）

これらは、月に向かって針に糸を通す七夕の行事を述べたものであり、女性の裁縫の上達を願う意味もあった。しかし、この「穿針《せんしん》」のことは、美しい女性との夜を連想させるところがあったもようであり、日本では、この局面で受容された。奈良時代の役人は、そのような「穿針」のことに思いを馳せながら、また、さきの『文選』の古詩や不比等の七夕詩の一部で詠じられた男女の想いや別れの句を混ぜ合わせつつ、七夕の詩文をあれこれと模索していたのである（正倉院文書続修巻32）。

続いて、『玉燭宝典』は、周処《しゅうしょ》の著わした『風土記』（注）を取り上げて、つぎのように記している。

七月、俗、この日（七日）を重んず。その夜、庭を洒掃《さいそう》し、机筵《きえん》を露施《ろし》し、酒脯《しゅほ》・時菓《じか》を設けて、香粉《こうふん》を筵上の焚《かがりび》に散じ、重ねて稲のために河鼓《かこ》・織女に祈請して言う。この二星神、まさに会うべし、と。夜を守る者は、みな私願を懐く。或るひと云く、天漢の中を見るに、……これをもって徴応となす。見る者、すなわち拝して願う。富を乞い、寿を乞い、子無きは子を乞う。ただ、一を乞うを得るのみにして、兼ねて求むるを得ず。

ここでは、七夕が、男女のことよりも、稲作を祈り、富や寿命や出産を祈る行事・習俗であったことがわかる。ただし、これらのうち、一つしか願いは叶わないともいう。

このように、中国の七夕行事・習俗は多様な意味をもって展開していた。しかし、日本では、男女関係のことに喩える傾向が濃厚であった。あるいは、男女関係に代弁される人間同士の不条理な別離を表現することが多かった。ただし、相撲と結び付いたのは日本の特性であり、男女関係や人間関係にとらわれない七夕の本義の一面、つまり、ある種の祈りの局面がそこには込められていたらしい。

山上憶良は、つぎに述べるように、中国的な知識と教養に満ちた人であった。それは、遣唐使の経歴と無関係ではあるまい。ところが、帰国後、早くから作った七夕歌には、中国的な知識や教養がストレートに表れていない。むしろ、奈良時代の日本に生きた役人たちが表現した七夕歌や詩の含意の一部と基本的には何ら異なるところがなかった。それどころか、逆に、非中国的な色彩が濃い。もし、彼が七夕の漢詩を残していれば、また違った理解も出てくるかもしれないが、いみじくも、万葉歌人として名を残す結果になった彼は、中国文明とは異なる「日本」歌を創作しようとしたものとみられる。

この点、憶良と一緒に唐へ渡った僧弁正の男子の運命と比較すると興味深い。すでに述べたように、弁正は唐で結婚し、ついに日本に戻ることがなかった。あるいは、唐の女性と結婚したことによって、中国法のもとでは、母国に帰ることができなかったと言うべきであろう。しかし、唐で生まれた男子は父の故国へ帰り、秦忌寸朝元という氏姓を与えられた。彼は、再び唐へ渡り、また日本へ戻ってくる。この間、医術や漢語の指導者となり、それなりに日本で重用されたかのようであった。ところが、位階は思うほどに進まず、中国直輸入の医術は敬遠され、日本の歌が歌えないことを揶揄されている。これは、遣唐使のかかえた矛盾そのものであった。

この朝元と憶良とでは、そもそも、誕生から成長期に至るまでの環境が大きく異なっていた。しかし、ともに遣唐使の落とし子ではあった。また、身近に接した中国文明との与し方を模索することにおいては変わりなかったはずである。ところが、この二人の道筋は大きく異なるものであった。

朝元の場合は、中国文明という枠組みから何としても遁《のが》れることができない。これに対して、憶良の場合は、中国文明を強く意識し、それに啓発されることによって、むしろ、自分の身の置きどころを発見・自覚し、その在り処を構築していかなければならないという切迫感や、焦燥感、あるいは恐れを抱いていたふしがある。その原点は、やはり、憶良が列島の内陸地である大和の土着集団出身者であったこと、そして、すでに四十二歳に達したところで唐へ渡り、数年で帰国した後、後半生の限界を予測できたことにあろうか。

## 六　沈痾自哀文と鼠

『万葉集』巻五には、山上憶良の著名な「沈《ちん》痾《あ》自《じ》哀文《あいぶん》」が収められている。これは、自らの重病を訴え、悲しんだ長文である。時に、天平五年（七三三）、憶良、七十四歳であった。

この長文には、注目すべき点が多い。まず、彼は六十歳くらいから体調が悪化しており、筑前国守在任中にそれは加速したらしい。任を終えて帰京した途端、もはや回復の見込みがないかのようであった。中高年での渡唐が、のちに影響を及ぼしていたのかもしれない。

ついで、彼には、山野の狩猟民や、河海の漁撈民に対する差別観が如実に見て取れる。それは、これらの人々の生業が殺生とその罪に満ちていると理解していたことによるものであり、逆に憶良自身を、修善の志にあつく、作悪の心がない者とみている。それなのに、どうして病に苦しまなければならないのか、と。この差別観は、明らかに仏教や中国の道徳観を受けて培養されたものであった。ここに、生産活動に従事しない、あらたな都市民、ないし消費者、知識人の出現があった。それはまた、病に納得できない人でもある。

こうして彼は、不条理な自分の病から遁れる方法を思いめぐらす。そこに動員されたのは、多くの中国テキストであった。たとえば、医者の名前がたくさん出てくる。「楡柎《ゆふ》・扁鵲《へんじゃく》・華他《かた》・秦の和《か》・緩《かん》・葛稚川《かっちせん》・陶隠居《とういんきょ》・張仲景《ちょうちゅうけい》等」と、中国の名医をあげることしきりである。その人たちが来てくれたなら、というわけだ。

では、この人たちはどんなことをおこなったのか。一例をあげるなら、開腹手術をして中の内臓を全部出し、これを水洗いしてもう一回入れ、そして元通りに縫い直す。そうすると、まったく改造することになり、治ったという話が沢山ある。それはもちろん、並の人にはできないから、名医の名医たるゆえんがそこにある。手術される方はたまったものではないが、その間は酒を飲ませて酔死という状態にしておき、それが覚めて気がついたときには立派に治っているというのである。しかし、日本にはそういう名医がいない。そのことを憶良は十分知っていて、あえて述べているのである。

実に、憶良は博学であった。その一端は、さらに『抱朴子《ほうぼくし》』の再三の引用にもあらわれている。『抱朴子』とは、葛洪《かっこう》が、東晋の初め、建武元年（三一七）に完成させた神仙のテキストである。その中で、とくに注意したいのは、鼠の問題であり、実は「沈痾自哀文」の末尾は「鼠を以て喩《たと》ひと為す、豈《あに》愧《は》ぢざらめやも」で締めくくられている。鼠をもって喩えとしたのは、我ながら恥ずかしいことよ、というのである。

これは一体、何を述べているのか。そもそも、鼠に関することは、この前から文中に出てきており、「故に死にたる人は生ける鼠にだに及《し》かず」とある。要するに、死んだ人は生きている鼠の価値ほどもない、と。極端なことを言うものであるが、要するに、それほど生きたい、なりふり構わず生きたいということであった。

ここで鼠のことが出てくるのは、『抱朴子』の中に鼠のことが書いてあるからである。

鼠壽三百歳。満百歳則色白、善憑人而卜。名曰仲。能知一年中吉凶及千里外事（鼠は寿三百歳なり。百歳に満れば則ち色白く、善く人に憑きて卜す。名づけて仲と曰う。能《よ》く一年中の吉凶及び千里の外の事を知る）　（『抱朴子』内篇三「対俗」）

故、有死王楽為生鼠之喩也（故に、死王は生鼠たるを楽む此《この》の喩え有るなり）。ある本には、この下文に「雖為帝王、死不及生鼠（帝王たりと雖も、死すれば生鼠に及ばず）」とある。
（『抱朴子』内篇一四「勤求」）

ここには、死んだ王様が、せめて生きた鼠になりたい、という喩えが書いてある。また、帝王といえども、死んでしまったら生きた鼠にさえ及ばないのだ、ということが言われている。だから、それほど生き続けるということは重要なことだ、と。しかし、『抱朴子』の論理によれば、生き続けるというのは、仙人になるということであり、ただ生きるということではない。まさに、中国的な発想なのであるが、憶良の場合は、病気平癒と、単なる長生とに主眼がおかれており、そこに不条理観と、いささかの無常観が込められていた。

一方、この「沈痾自哀文」が書かれた前後は、列島内でも、鼠に対する関心が非常に高まっている。まず、越中国守であった大伴宿禰家持の時代につくられた歌が『万葉集』にみえ、つぎのような一文が付してある。

ここに、養吏《ようり》山田史《ふひと》君麻呂、調《ちょう》試《し》節を失ひ、野猟候《こう》を乖《そむ》く。搏風《はくふう》の翅《つばさ》は、高く翔《かけ》りて雲に匿《かく》り、腐鼠《ふそ》の餌も、呼び留むるに験靡《しるしな》し（『万葉集』巻十七・四〇一五左注）。

つまり、越中国射水郡周辺で鷹狩がよくおこなわれていた。その鷹を飼う下級役人に山田史君麻呂という者がいた。彼は、旧江《ふるえ》村で捕獲した優良な鷹の調教に失敗し、それを取り逃がしてしまった。そこで、もはや、腐った鼠のえさをもってしても呼び戻すことができないというのである。要するに、鼠は鷹のえさであった。もちろん、生きたままの鼠が一番上等なえさであるが、死んだ鼠でも立派なえさになる。そういう鼠と鷹や鷹飼い、鷹狩の関係がよく知られていたのである。国守経験者の憶良は、もちろんのことであった。

時あたかも平城京では、「京職《きょうしき》白鼠を献ず。大倭国、白亀を献ず」（『続日本紀』神亀三年春正月辛巳条）と記録されている。神亀三年（七二六）に、首都を管理する、京職という役所が白い鼠を献上したというのである。いわゆる祥瑞に近い献上であった。この白鼠とは、かの『抱朴子』がたたえた長寿で異能な鼠をさすから、憶良も了解できたであろう。このときの京職の長官は藤原朝臣麻呂であり、聖武天皇や光明子をバックアップする有力な人物である。だから、帝都、つまり首都の守りに当たることになったのであった。

さらに、神亀元年（七二四）の太政官奏は「京師《けいし》有りて、帝王、居と為す。万国の朝する所、是れ壮麗なるに非ずは、何を以てか徳を表さむ。……有司《うし》に仰せて、五位已上と庶人の営に堪ふる者とをして、瓦舎《かわらや》を構へ立て、塗りて赤白と為《な》さしめんことを、請《こ》う」（『続日本紀』神亀元年十一月甲子条）と述べている。このとき、首皇太子が平城宮で初めて即位をし、聖武天皇になった。平城宮そして平城京は天皇の居する場所であり、万国の使者がやってくるところであるから、壮麗にしなければならない。そこで、一定身分の人たちや富裕者層が屋敷を構えるに当たって、瓦葺きの家を建て、赤、白の色をもって塗った柱、壁の建物を建てよ、というのである。これがいわゆる「あをによし　奈良の都」の誕生であった。そして、その二年ぐらい後に、この帝都において白鼠を献上することがおこなわれたのである。

そこで、次の木簡の意味を考えたい。

a・（表）○左京職　進　雀廿五隻
　　　　　　　　　　　鼠一十九頭
・（裏）○　　　　天平八年四月十三日
　　　　　　　　従六位上行少進勲十二等百済王「全福」

b・（表）○左京職　進　鶏一隻、馬宍三村
　　　　　　　　　　　雀二隻、鼠一十六頭

・(裏)○　　　天平八年四月十四日

　　　　　　　　従六位上行少進勲十二等百済王「全福」

近年、左右の京職から鶏、鼠、馬の宍(肉の塊)などを某所へ進上した木簡が、平城京二条大路の溝跡(長屋王邸跡の北側)からたくさん発見されている。ここに紹介したのは、天平八年のものの一部である。この時期は、さきの藤原朝臣麻呂が依然として平城京を統括する責任者であった可能性がある。一体、これらの木簡は何を意味するのであろうか。それは、鶏、馬の肉、鼠、雀などを鷹のえさにしたのであろう。つまり、鷹狩をおこなうために鷹を飼うえさである。

ところが、もう一つ注意すべきなのは、一種の帝都清掃を意図していたということであった。これが「あをによし　奈良の都」を維持していくためのリサイクル運動であり、極端に言えば、毎日毎日掃除をしている。事実、槐花《えんじゅのはな》や礫《こいし》、白土《しらつち》などの回収もおこなっていた。その掃除はむだではないのであって、すべて再利用にまわされ、とくに生き物については鷹のえさになるというサイクルが想定できる。

これは、聖武天皇が即位をした段階から、帝都の整備や清掃とも関係をして、鼠に対する関心が非常に高まっている現実を物語っている。日々、鼠、鼠と都市民が思いながら捕獲していく。しかも、それは鷹狩のための鷹のえさとなり、鷹狩で得た獲物は、最高味のキジを始めとして、天皇以下、貴族官人らの口へ入っていく。そして、それがまた、長生きの食べ物にもなっていくというわけである。

このように、中央や地方の都市では鼠に関する関心が非常に高い。この二種類の都市生活を送った憶良は、「沈痾自哀文」の中で主張した鼠を、つぎのように理解していたものと思われる。鼠はたしかに卑しくて小さな存在である。その鼠は、帝都清掃や鷹のえさのために、日々捕捉されており、生きのびることは容易でない。しかし、かりに捕獲を免れて生きつづける鼠がいたとしたら、それは何と価値のあることではないか。まして白鼠となって、長寿や異能ぶりがたたえられるとなれば。私も、そのように生きたい。でも、やはり、死というものに捕捉されるのであろうか、と。

## 七　憶良のモチベーション

では、そのように念じた憶良のモチベーションとは、何なのであろうか。そこで、あらためて「沈痾自哀文」を読み直すと、その冒頭が「竊《ひそか》に以《おもひ》みれば」ではじまることに注目したい。実は、憶良がほぼ同時期に書いたと思われる「俗道《ぞくどう》の仮合即離《けごうそくり》し、去り易《やす》く留め難《かた》きことを悲しび嘆く詩一首」に付された序も「竊に以みれば」ではじまっている（『万葉集』巻五）。これは要するに、いろいろ考えてみると、という程の意味であるが、いささか特異な書き出しでもある。中国では、仏教行事にかかわる頌序や、讖文《ざんもん》などの書き出し、あるいは政治的な意見書である議や啓などの書き出しに用いられることがあるので、憶良はこれらに倣った可能性がある。しかし、日本側で注目されるのは「対策文」であろう。そこで、平安時代初めの詩文集である『経国集《けいこくしゅう》』におさめられているものを紹介したい。

問。殺無道、以就有道、仲尼之所軽。制刑辟、以節放恣、帝舜之所重。大聖同致、所立殊途。垂教之旨、貞而言之。

葛諸会

問う。無道を殺して、もって有道を就《な》すは、仲尼（孔子）の軽んずるところ。刑辟《つみ》を制《さば》いて、もって放恣を節《ただ》すは、帝舜の重んずるところ。大聖の致《つ》くところは同じくして、立つるところは途を殊《こと》にす。垂教の旨、貞《ただ》して之を言えよ。

對。竊以、誅悪之義、先聖垂典、戮逆之旨、後哲宣軌。所以無為軒帝動三戦之跡、有道周王示二叔之放、則知凶必殛、邪必正者也。但、宣父烏殺之試、欲行偃草之徳。是既権教。重華節恣之制。乃敬丕天之法。此亦将辱謨。両聖所立、殊途以同帰。二訓攸述、異言而混志。謹對。

和同四年三月五日
対《こた》う。竊《ひそか》に以《おもひ》みれば、悪を誅すの義、先聖、典《のり》を垂《しめ》し、逆を戮すの旨、後哲、軌《みち》を宣《の》ぶ。無為の軒帝、三戦の跡を動《めぐ》り、有道の周王、二叔（管叔《かんしゅく》と蔡叔《さいしゅく》）の放を示す所以《ゆえん》は、則ち知る、凶は必ず殛《ころ》し、邪は必ず正すものなり、と。但し、宣父（孔子）烏（焉《えん》の字と混用）殺の試（誡《いましめ》ヵ）は、偃草《えんそう》（草をふす）の徳をおこなわんと欲す。これ既に権教（擁教ヵ）なり。重華（帝舜）節恣の制は、すなわち丕天《ひてん》の法を敬う。これまた将謨（大きなはかりごと）なり。両聖の立つるところ、途を殊にして、もって帰するところは同じ。二訓の述べるところ、言を異にして、志は混《おな》じ。謹んで対う。

和銅四年三月五日

最初に「問」ではじまる文章があり、後半に「對」ではじまる文章がある。時に、和銅四年（七一一）三月五日というから、平城遷都の翌年である。これは何かというと、官吏登用試験の問題（策問）と解答（対策）であり、しかも、その過去問と答えが記録されている。そして、解答は、きまり文句のように「竊以」ではじまるのである。実に、マニュアル化されていたと言ってよい。果たして、憶良が、このような対策文をどの程度意識して「沈痾自哀文」を作ったのかはわからない。しかし、中国における「竊以」の用法をも参照するなら、神仏を含んだ何らかの他者に向かって至高の模範解答を考案し、いわば最善を尽くそうとしていたように思えてならない。それは、病を克服し、あるいは病を納得させる方法でもあったが、見舞客へ残すべき遺告とも言える。だが、この対策形式の「沈痾自哀文」は、生きて官吏登用を目指しつづける男の都市民の「自哀文」のように読めてくるのである。事実、彼は、重篤の病床で見舞客に向かい、「士《おのこ》やも、空《むな》しくあるべき、万代《よろづよ》に語り継ぐべき名は立てずして」（『万葉集』巻六・九七八）と歌っている。

【補注】

本稿は、二〇〇一年七月二十八日に行われた高岡万葉セミナー「万葉びとと信仰」の講演録（高岡市萬葉歴史館叢書14『家持の争点　Ⅱ』高岡市万葉歴史館、二〇〇二年掲載）を改筆したものである。その過程で、一九九五年七月八日に東京大学本郷山上会館で行われた「あたらしい古代史の会」の発会報告「鼠と鷹」の一部を取り入れた。

# 七草がゆの起源

## 一　今にのこる七草粥《ななくさがゆ》

すたれたとは言え、七草粥の風習はなお続いている。一年中、元気でありますようにと願って食すものだと教えられたり、お正月のおわりに食すものとも、餅をたべすぎて疲れた胃腸をいやすために食すものとも聞いたことがある。また、パックで売り出された七草の粥を正月七日にする人たちもいれば、正月十五日に小豆粥として口にする人たちもいるであろう。かくほどに、七草粥を食す理由は曖昧で、その食しかたもさまざまである。しかし、これは現在だからそうなったのではなく、そもそも歴史的にみてそうなのである。

今日に伝わる七草粥の風習は、日本列島で営まれた蔬菜の文化、穀物の文化、そして男と女の文化との錯綜した関係の中で生まれ育った。もちろん、そこには中国の民間習俗や仏教の影響が認められるが、影響という言葉を多用して性急な結論を出すべきではない。歴史的な現実への理解のしかたを誤魔化しかねないからである。

## 二　女房たちの七草粥

するどい観察眼で知られる清少納言は、七草粥の風習につよい関心を抱いた一人であった。彼女はまず、正月七日の「雪まのわかなつみ」を記録する（『枕草子』一〇〇〇年頃の成立）。降りつもった雪のたえ間に青やかに生じた若菜じたい、さして珍しくもないはずなのに、人々が大騒ぎして楽しそうに摘むなんて、というのである。

彼女の機知に富んだ皮肉っぽい言いまわしによると、七日に食される若菜は六日に準備される。それを用意するのは子供たちであり、はしゃぎながら、そこら中に散らかすのを常としたが、草の名をよく知っている者はいない。女房たちが、からかい半分にその名を聞くと、子供たちは考えこんだ末に「耳無草《みみな》だよ」と答えたりする。また、菊を採ってくる子供もいたらしい。

一方、正月十五日の節供のおわりには、「かゆの木」の興《きょう》がはじまる。すなわち、この日、粥を炊いた木をかくし持つ家の女房たちが、その木で打ちたたく相手を虎視眈眈《こしたんたん》とねらっている。片や、これに打たれまいと常にうしろを用心している人々がいて、そのありさまは滑稽そのものであった。そして、何かの拍子にその木が命中すると、周囲の者はどっと笑い、はれやかな雰囲気になるが、打たれた方はくやしく思うものだという。

これが、十世紀末から十一世紀初めにかけて清少納言の見知った七草粥の風習の一コマであった(『枕草子』)。まず、一口に七草粥と言っても、正月七日の若菜摘みと、正月十五日の粥行事とに分かれていたことがわかる。ついで、これらに果たした女・子供の役割は大きい。しかも、ただ黙して若菜をそろえ、粥をすする静粛なものではなく、笑いに満ちた明るさ、楽しさ、また、からかいを含む滑稽ささえにじみ出る騒々しい行事であったのである。さらに、若菜ないし七草などの品目や組み合わせも、さして固定的なものではなかったらしい。

このうち、「かゆの木」の興はながく残った。十三世紀には、正月十五日をもって「人うつひ」と呼ばれている(『弁内侍日記』)。さらに後醍醐天皇の時代にくだっても、「わかき人々、杖にてうちあふことと」が正月十五日におこなわれている(『建武年中行事』)。しかし、「かゆの木」は単なる杖にかわり、「御かゆなどまいる」(『建武年中行事』)ことと切り離された「人うつひ」(『弁内侍日記』)になりつつあったようである。これは、正月十五日の粥行事じたいの変化でもあって、正月七日の七草粥の風習へと一部で統合化されていく道筋がたどれるのかもしれない。

ところで、清少納言の時代には、彼女が記し残さなかった若菜摘みのもうひとつの行事があった。それは、『源氏物語』若菜の巻からうかがい知ることができる。すなわち、正月二十三日の子《ね》の日に、源氏の四十歳の賀を祝って若菜の御羹《あつもの》が供され、朱雀院の五十歳の賀を祝ってやはりその御羹がととのえられようとしたというのである。まさに、若菜の巻と称するゆえんであった。

『源氏物語』は、もちろん創作である。しかし、このようなことは事実としても知られていた。たとえば、延長二年（九二四）、四十歳を無事迎えた醍醐天皇は、父の宇多法皇から正月二十五日（甲子）に子の日の宴を賜わった。朝早くから若菜を摘ませ、釆女にそれを調理させて羹とし、醍醐天皇から侍臣に至るまでが広く口にしたという（『醍醐天皇御記』）。

しかし、このような催しは必ずしも通例ではなかったようで、このところ不幸や疫病がたび重なって心がしずみがちであるから、とくにひらくのだとある。これは逆に、若菜を供する宴がいかに明るく、にぎやかなものであったかを物語っている。そして、このときの催しは、子の日の宴と四十歳の賀と若菜摘みとが結びついた早期の例であったにちがいない。

## 三　菅原道真と子の日の宴

かくて、ふつう七草粥と呼ばれる風習も、一筋縄では理解できそうにない。正月七日の若菜摘みとその供膳、正月十五日の粥と「かゆの木」の行事、そして正月子の日における四十歳の祝賀と若菜供膳とが共存していたからである。このうち、最後の例が臨時的なものであったことは言うまでもない。

これらの行事をなぜおこなうのかについて、みずから自覚していた数少ない人物に菅原朝臣道真がいた。彼は、宇多天皇とともに、寛平八年（八九六）閏正月六日（戊子）、大徳寺の東南の雲林院に赴き、さらに船岡山に登った。そして、多くの菓菜があつめられ、献上されて、さらに広く貴賤にふるまわれたかのようである（『行幸記』）。時に、宇多天皇は三十歳に達し、道真は五十歳を過ぎたころであった。

この登岳は正月子の日に岳に登って四方を遙望し、陰陽の静気を得て、その目に触れるなら、憂悩を除くことができるとする『十節記』なる書物の説くところに近い（『年中行事秘抄』など）。すなわち、日本的な国見とちがい、陰陽の気の調和をつよく意識した中国的な観念である。しかし、『十節記』は、これに関して菓菜のことを述べていない。また、道真の理解も『十節記』に等しいわけではなかった。

道真は、このときの自作詩に序をほどこして、正月子の日の意義を説明する。すなわち、かつて自分（道真）は故老から「上陽の子の日は野遊して、老《おい》を厭《おさ》えるものだ」と聞いたことがある。それはどういう意味なのかと問い直したところ、その故老は「松樹をもって腰をこすれば、風霜に犯されることはない。菜羹《さいこう》を調理して口にすれば、気味《きび》の調和を保つことができるのじゃ」と答えてくれたというのである（『菅家文草《かんけぶんそう》』六）。

道真が教えられた正月子の日の遊興は、必ずしも登岳による陰陽の静気との接触にあるのではなかった。松の枝でもって腰をこすり、蔬菜をあつめて煮て口にすることで、老衰化をとどめようというのである。醍醐天皇の四十歳の賀を祝う、若菜摘みの正月子の日の宴は、すでにこの寛平年間から準備がととのえられていたことになる。しかも、菜羹の重視は、中国の観念をそのまま踏襲したわけでもなかった。一方、松樹のことは、薪として常用される松ののこりである「かゆの木」へと展開していった可能性があろう。さらに、十二種の若菜（若菜・薊《あざみ》・苣《ちしゃ》・芹《せり》・蕨《わらび》・薺《なずな》・葵《あおい》・蓬《よもぎ》・水蓼《たで》・水雲《もづく》・芝・菘《こほね》）の中の菘ひいては松の存在へと派生するところがあったにちがいない（『河海抄』十三など）。

ところが、この正月子の日の宴をめぐる道真の知識は、ただ故老からの伝聞にもとづくものではなかった。これまでの正史を事項別に分類して政務に役立てようとした『類聚国史』の編集は道真によってすすめられた。その作業中に、菜羹を賜う正月子の日の宴の記事が「旧史」にあることを彼は発見したというのである。このことは、寛平五年（八九三）正月十一日（辛亥）から十二日（壬子）にかけてひらかれた子の日の宴で、みずから披露している（『菅家文草』五）。

このとき、彼はまた、寛平五年のこの宴が先例をみない格別なものだとも述べている。そもそも、正月元日の朝賀から二十一日以降にひらかれる内宴までのおよそ二十余日間は、もっぱら男性が歓楽して、婦人はかげからこれを支えているにすぎない。しかし、野中に菜をえらぶのも、炉下に羹を煮て仕上げるのも、実はすべてこれうるわしき女性にゆだねられてきた。そこで、とくにわが君たる宇多天皇は、これら女性のために特別の宴を設けることにしたというのである。これが、正月子の日の菜羹の宴であった。

そうすると、正月子の日の菜羹の宴は、老衰化をとどめようとして（一定の年齢に達した祝賀にもなる）、あるいは、裏方で多忙な正月をすごした女性を考慮して、その女性のハレの場として、菅原朝臣道真を重用した九世紀末の宇多天皇の時代に誕生したらしく思われる。しかし、道真じしんも述べているように、ここに至るには、男と女のながい生活文化や、「旧史」からも推し測られるような先行行事があったことを忘れてはならない。

## 四　若菜摘みをさかのぼる

若菜摘みのことは、すでに『万葉集』に多くの歌をのこす。まだ雪の降る春山で春菜《はるな》を摘み、それを川上で洗う妻や娘の姿が目に浮かぶようである。中には芹摘みもあって、それは「ますらを」のすべきことではないという（巻二十の四四五六）。また、私的な営みという性格がつよく、班田をおこなう昼がおわって、夜の合間に芹を摘むとも歌われている（巻二十の四四五五）。しかし、だからと言って、任意に摘むのではなく、野焼きを経て、いよいよ「あすから」摘むのだというような計画性も帯びていたのである（巻八の一四二七、『和漢朗詠集』）。

蔬菜の生産と消費は、われわれが想像する以上に日常的で大量であった。和銅三年（七一〇）から霊亀三年（七一七）までの八年間におさまる新発見の長屋王家木簡は、この事実を端的に示してくれる。数多くの御田や御薗が経営され、そこからおびただしい蔬菜類が長屋王家に持ちこまれていたのである。

その蔬菜類には、のち十二種の若菜あるいは七種の若菜（『河海抄』などによると、薺・蘩蔞《はこべら》・芹・菁《あおな》・御形《ごぎょう》・須々代《すずしろ》・仏《ほとけ》の座《ざ》の七草）と称される品目も多く含まれていた。阿射《あざ》（佐）美《み》・薊、菁、処里《せり》・芹、智《ち》（知）佐《さ》、そして菜などである。これらは、しばしば婢を含む女性によって持参されているから、たしかに女性が栽培し、摘むことが多かったとみられる。また、単品で運ばれることはなく、「七種」や「十二種」の組み合わせも珍しくない。

しかし、のちにいわれるような七種ないし十二種の若菜の組み合わせは一例としてない。また、正月子の日とか七日をめあてに運びこまれた形跡もまずみあたらない。むしろ、十月から十二月にかけての持ちこみが目立つのである。ただ、「十二種」の蔬菜を和銅五年（七一二）の正月一日に搬入したらしいことを示す木簡や、薊などを某年某月の七日に持ちこんだことを示す木簡が発見されているのは、やや気になるところである。

だが、現在のところ、平城遷都のころには、正月七日や子の日の若菜をめぐる定例行事はまだ確立していなかったとするのが穏当であろう。しかし逆に、八世紀以前から女性たちによって日常的に栽培され、摘まれ、煮炊きされていた蔬菜の伝統的文化を欠いたところに、いわゆる七草粥の風習は生まれようがなかったのである。

一方、道真は、「旧史」の中から正月子の日の菜羹の宴の痕跡を果たして見出し得たのであろうか。たしかに彼は、『類聚国史』において「子の日の曲宴」という項目を立てている。それによると、この曲宴の開始を大同三年（八〇八）正月とみたようである。しかし、彼が「旧史」から拾いあげた先例から菜羹の宴の確かな記録をたどることは難しい。むしろ、故老から聞き知った先入観によって、たんなる子の日の宴を菜羹の宴と思いこんでしまったのではなかろうか。

この道真の拙速さは、同時に「旧史」の見落としへとつながっている。なぜなら、子の日の宴の初例ともいえる記事が『続日本紀』天平十五年（七四三）正月壬子条に登場するからである。それによると、四十歳を過ぎてほどない聖武天皇は、平城京の東北の石原宮の楼閣にのぼって饗宴をひらいた。そして、人々に琴を賜い、歌わせたという。

これは一見、中国的な登岳の観念を施行したかのようにみえ、四十歳の祝賀をも示唆しているかのようである。しかし、ここで今度は道真を弁護するなら、菜羹の宴であることが意識されていたわけではなく、琴の賜与と歌が中心であり、「新しき年の始に、かくしこそ、供《つかえまつ》奉らめ、万《よろづ》代《よ》までに」（『続日本紀』天平十四年正月壬戌条）とねがったのである。つまり、天皇とその皇統への永遠なる供奉を新年に誓い、誓わせようとしたのであって、中国的な陰陽の気との接触など念頭になく、個人的な長寿へのねがいもなお稀薄であった。

この点から言えば、道真の杜撰ぶりをあながち批判すべきではないかもしれない。そこで、道真の責任とは関係ない「旧史」以外の子の日の宴の先例をもうひとつ紹介しておこう。それは『万葉集』巻二十の四四九三歌とその題詞である。これによると、天平宝字二年（七五八）正月三日の子の日、内裏付近で子の日の宴がひらかれた。時に孝謙女帝は四十歳となり、五十歳をすぎた藤原朝臣仲麻呂が主催して、四十歳になった大伴宿禰家持も歌をよせた。

子の日の宴は、楼閣から内裏へとうつった。中国的な登岳の観念は、やはり受けいれられなかったのである。しかし、四十歳の祝賀への思いは次第に浸透したかのようである。ただ、菜羹の宴がつよく意識された形跡はなく、このときの中心は、ガラス玉をちりばめた玉箒《たまぼうき》の賜与にあった。これは、子日目利箒《めとぎ》として正倉院に伝わるが、中国では后妃の親蚕《しんさん》を表象するとみられていた。「揺らく玉の緒《お》」とも歌われているので、四十歳に達した孝謙女帝と関係者の「タマフリ」をおこなうとともに、橘宿禰奈良麻呂の変（七五七年）後の国家・社会の回生をねがったのであろう。

このようにみてくると、道真の理解をこえて、子の日の宴はさかのぼる。しかし、菜羹の宴としてあらわれるには一定の時が必要であり、琴→玉箒→若菜というふうに主役が交替していく歴史がたどれるのである。

かくて、「旧史」から先例を発見したとして意をつよくした道真の思いに反して、正月子の日の菜羹の宴は、やはり道真の時代にはじまったということになろう。一条兼良が『公事根源』で説くところとこれは結局一致するのであるが、個人の生命が持続することへのつよい執心、そして人間社会への赤裸々な関心の台頭というような時代精神を待って初めて可能になったことをとくに言いそえておこう。人と神と共同社会が互いに生命力（生命の持続とはちがう）をうたいあげようとした時代が過ぎ去ろうとしていたのであった。

## 五　うけ入れられない中国の習俗

正月七日の若菜摘みとその供膳は、醍醐天皇の延喜十一年（九一一）もしくは十八年（九一八）にはじまったとふつう言われている（『公事根源』・『師光年中行事』）。これも、正月子の日の菜羹の宴とほぼ揆を一にして行事化したものであるが、ただ行事という観点から言えば、奈良時代にさかのぼることが確実である。なぜなら、九世紀の初めには、すでに伊勢神宮において、正月七日に「新菜の御羹」「新しき蔬菜の羹」がつくられ、また正月十五日に「御粥」がつくられて、それぞれ神にささげられていたからである（皇太神宮・止由気宮儀式帳）。あたらしい蔬菜と穀物を年の始めに神へささげ、人々と神がまた共食することによって、その一年の神と人と共同社会の生命力をふるい立たせようとしたのであろう。しかし、正月十五日の「御粥」行事も、正月七日の若菜行事と同じように長屋王家木簡からはただちに確認できないので、おそらく七二〇年代以降、つまり聖武天皇の時代以降にこれらは定例化したものと思われる。

もとより、これらの行事と中国の習俗には一部で共通性がある。六世紀に記録された中国の『荊楚歳時記』によると、正月七日には七種の菜をもって羹をつくり、正月十五日には豆糜（豆の粥）をつくるのだという。この『荊楚歳時記』は、道真も関心を寄せていたものであるが、すでに奈良時代の知識人の間で活用されていたふしがある（坂本太郎「荊楚歳時記と日本」）。しかし、正月十五日の「御粥」行事に関する限り、奈良時代の知識人は『荊楚歳時記』が伝える習俗とその意義を忠実に反復しようとはしていない。

実は、天平勝宝五年（七五三）正月四日、ついで七年（七五五）正月四日に、日本の博士らは年中行事の存在価値をめぐる大がかりな答申を出した（『年中行事秘抄』、『政事要略』二四、『本朝月令』など）。この中に、正月十五日祭のことも含まれていた。それによると、この日は黄帝が蚩尤《しゆう》を伐斬した日にあたり、その首は天にのぼって天狗となり、その身は伏して蛇（地）霊となった。そこで、この日の亥時（午後十時）に大豆と小豆の粥を煮て、庭中に設けた案（机）の上にそれをおいて天狗をまつる。そして、その粥の上がかたまるころに、東に向かって再拝し、ながく跪いてこれを服すなら、一年中疫気に悩まされることがないというのである。

豆粥であることはよいとしても、『荊楚歳時記』に右のような理由はまったくみられない。むしろ、蚕桑を促すための行事であることが主張されているのである。すると、奈良時代の人々は『荊楚歳時記』を採用しないで、天平勝宝年間の博士答申に多くを頼ったのであろうか。しかし、中国的な観念がきわめて濃厚なこの答申とて、実はさして説得力を発揮したとは思われない。

## 六　七種粥の誕生

そもそも蔬菜の羹とはことなる穀物の粥は、長屋王家でもすでに食されていた。しかし、行事として目をひくのは、天平九年（七三七）前後に、但馬国や淡路国の国衙で正月十四日の新・旧訳金光明経転読がおこなわれ、その供養物に粥米《かゆ》・糧《あめ》（饘《かたかゆ》）米、そして大豆餅《まめもちい》・小豆餅など各種がささげられていたことである（正税帳）。

やがて、東大寺に大仏が造営されると、やはり正月十四日に、内裏から「七種の粥」が準備され、「大仏の御粥」として仏前におかれた（大日本古文書一六の五六九・五八三）。宝亀二年（七七一）ころには、写経所勤務の人たちが正月十四日と十五日にだけ粥を食し、時に「正月十五日の粥料」とも記録されている（大日本古文書六の一四二、一七の三八八以下、直木孝次郎「正月十五日の七種粥」）。

少なくとも天平年間から、国衙において、寺院において、粥や餅などが正月十四日にいったん三宝（仏・法・僧）や本尊仏にささげられ、それを十五日に及んで人々が共食していた。ここに正月十五日の七種粥（七草の粥ではなく、のち混在化する）が誕生する。その組み合わせは、米・粟・黍《きび》(子《のみ》)・稗子《ひえのみ》・葟子《みのみ》・胡麻子《ごまのみ》・小豆とされているが、若干の変化も考えられる（『延喜式』主水司、『年中行事秘抄』など）。

この正月十五日の七種粥は、三月三日の桃花餅、五月五日の五色粽《ちまき》、七月七日の索麪《そうめん》、十月初亥の餅などとともに、民間の歳時として九世紀末までにはかなり流布していたもようである（『宇多天皇御記』）。しかし、この行事は自然発生的なものではなかった。『十誦律』『四分律』『摩訶僧祇律』などが繰り返し説くように、粥を施し、またみずからも食すことによって、心身を清浄にし、心身に利益《りやく》をもたらすという仏教上の観念が存在したのである。

それはまた、薬とも呼ばれていた。かつて唐から帰国する途中の道昭が、粥を煮て病徒にほどこしたといわれるのはその好例であり、僧による粥（湯薬《とうやく》）のほどこしは珍しいことではなかった（『続日本紀』文武四年三月己未条など）。小豆が薬として用いられた例も多い（大日本古文書六の三七二など）。

このような粥の価値は、天平九年の天然痘大流行を画期に、全国へと浸透していく。いや、浸透させられようとしたと言うべきであろう。なぜなら、この疫病治療対策に苦慮した中央政府は、中国医方に依拠した典薬寮の答申をそのまま受けいれることなく、あらたな処方を案出した。それは、ひたすら米や粟などの穀物の粥汁を食すようにというものであり、生の菓菜も禁止された（『類聚符宣抄』三、『朝野群載』二一など）。この処方は、ただちに津々浦々まで伝達され、のちのちまでの規範となる（『但馬国正税帳』、『医心方』一四、『拾芥抄』下、『水左記』承保四年八月九日条など）。

この処方は、政治的かつ財政的な判断にもとづくところ大であった。すなわち、人々による穀物（水陸の両田）の生産がみずからの身体を救うのだというメカニズムを植えつけることで、穀物生産と納税を巧みに促そうとしたのである（新川登亀男「湯薬恵施の諸問題」）。中央政府が生産を奨励した穀物と、七種粥の品目とがほぼ重なっているのはそのゆえである（承和七年五月二日の太政官符など）。「農桑を忘」れてはならないための粥でもあった。（『類聚符宣抄』三）。

仏教行事に端を発した正月十五日の七種粥が、神事に及んだのもこれでうなずけよう。人々は、かくて仏にも神にも七種粥をそなえて、それをみずからも共食した。そして、人々の身体とその社会に利益《りやく》をもたらしたり、「タマフリ」を促したりする薬であることが、この年初の七種粥に期待されたのである。しかし、それは同時に、生産し、納税し、消費すべき穀物の基本的な品目を人々の脳裏にやきつけようとするものでもあった。

やがて、それが人々の生活になじむようになると、仏や神との交渉も次第にうすれ、人々自身のための七種粥へとかわっていく。また、とりわけ女性に支えられた蔬菜の文化とも融合して、七草粥が生まれてくるが、なお穀物文化の七種粥（男性文化）と、蔬菜文化の若菜の羹（女性文化）とは、共存しつづけてもきたのである。

【補注】

本稿は、『しにか』7―1（大修館書店　一九九六年）に掲載された「七草粥の起源」をほぼ原文どおりに転載したものである。

# 薬からみた人体観

## 一　藤原宮の薬物

近年、藤原宮時代（六九四―七一〇）の木簡の中から、薬物名を墨書したものが多く発見されている。また、その薬物を扱うにあたって、中国南朝の梁代に活躍した陶弘景《とうこうけい》撰の『本草経集《ほんぞうけいしっ》注《ちゅう》』がテキストとして用いられていたこともわかってきた[1]。しかし、実際に用いられた薬物のほとんどは草木類であり、例外として虫獣類（龍骨など）と玉石類がわずかにあるにすぎない。この玉石類こそ、いわゆる煉丹術《れんたんじゅつ》の主な材料であるが、現在のところ、黒石英と石流黄《いわいおう》が知られるのみである。「白鍑」と読めるものが、もし白鑞《しろきなまり》つまり錫《すず》のことであるなら、これも加えることができよう。

しかし、このわずかな玉石類が、どのような病に対してどのように用いられたのかはよくわからない。「ゆのあわ」とも呼ばれる石流黄は、やがて下野国などの温泉地域から京へ貢上されてくるようになる（『延喜式』典薬寮）。下野国の那須湯は、天平年間（七二九―七四九）から湯治で知られているから（『駿河国正税帳』）、石流黄には湯治と同じような効能が期待されたのかもしれない。ただ、中国では金・銅・銀・鉄などをよくとかすといわれており（『本草経集注』玉石）、まさしく煉丹術にほかならない。

だが、この煉丹術は日本でほとんどおこなわれていない。では、なぜおこなわれなかったのか。あるいは、例外的におこなわれたとすれば、それは何なのか。この課題は、日本列島にながく住む人々の人体観や生命観を知る手掛かりになる。とくに都市民において。

## 二　鑑真の医方

天平二年（七三〇）四月、光明子の皇后宮職に初めて施薬院《せやくいん》がおかれた。孤児を含む飢病の人々を収養して、薬を施そうというのであるが、その薬は「草薬」をつねとした（『続日本紀』）。また、天平九年（七三七）、藤原四兄弟の命を一挙にうばった「赤斑瘡《あかもがさ》」こと天然痘が全国に蔓延したが、その際に急遽発せられた太政官符《だいじょうかんぷ》におけるその治療法は、玉石類を排除したものであった。このように古代の国家がすすめ、古代の社会に流布していった医療法は、煉丹術からもっとも遠いところにあった。しかし、鉱物性の石薬がまったく用いられなかったわけではない。

　天平勝宝八年（七五六）六月二十一日、聖武太上天皇の四十九日忌にあたり、六〇種の薬物が東大寺大仏の前におかれて、のちのち病苦の者に支給されるべきことが誓われた。この薬物は、東大寺正倉院北倉におさめられた。そのほとんどは舶載品であり、動物性のものが一〇種、植物性のものが二七種、鉱物性のものが一九種、製剤が四種とみられている。[2] たしかに植物性のものが最多数であるが、鉱物性の石薬もけっして少なくはないのである。

　この薬物が正倉院からもっとも多量に出蔵されたのは、天平宝字五年（七六一）三月二十九日のことであった（大日本古文書・四の一九〇以下など）。まず、淳仁天皇の内裏へ送られた二十一種のうち、鉱物性である玉石類は四種、製剤が三種であり、出蔵つまり消費という観点からすれば、やはり植物性である草木類が圧倒的に多い。ついで、諸病者への支給分として十三種が動いたが（正倉院中倉への移置分を含む）、玉石類はわずかに芒消《ぼうしょう》と朴消《ぼくしょう》の二種であった。

　しかし、わずかとはいえ、この玉石類の出蔵には鑑真の姿がみえかくれするようである。そもそも鑑真は、第二回渡海計画の時に多くの薬物を船に載せたもようである（『東征伝』）。渡航成功後、彼は日本で「諸の薬物を以て真偽を名《わ》かしむ、和上一一《ひとつひとつ》鼻を以て別《わか》つ」とたたえられ、皇太后（光明子か）の病では、彼の施す医薬に効果が認められたという（『続日本紀』天平宝字七年五月戊申条）。たしかに、光明皇太后は、五大寺に雑薬二櫃と蜜一缶を施して、みずからの病を治そうとした（『続日本紀』天平宝字四年閏四月丁未条）。これは、彼女の薬物に対する並々ならない関心と、具体的な医薬治療の実践とを示唆しているが、中でも蜜は、かつて鑑真が日本へもたらそうとした薬物の中に含まれている。鑑真はさらに、みずから医方の書を残した。それは「鑑上人秘方一巻」と称され（『日本国現在書目録』）、「鑒真方《がんじんほう》」とも呼びならわされたが（『本草和名』、『医心方』）、その全容は今に伝わらない。ただ、そのわずかな逸文に注目すべきものがある。

まず、彼は、年齢に応じて鐘乳《しょうにゅう》を服すことを説いている（『医心方』一九）。この鐘乳は、さきの天平宝字五年に正倉院から内裏へ持ち出された鐘乳床にあたる。鐘乳床は鐘乳石の一部であるが、巧みな練成（古代日本では「煉」の字をふつう用いないので、中国の例を除いて「練」の字に統一する）を必要とされ（『本草経集注』玉石）、逆にその毒性もおそれられた。[3] 適切な指導がないと扱えないものであるから、鑑真の関与を想定してよかろう。

ついで、鑑真は紫雪《しせつ》を服すことを説いている（『医心方』一九）。紫雪は、黄金以下多くの玉石類をまぜあわせた製剤であるが、脚気《かっけ》以下の諸症状にきくとともに、服丹の中毒症状をよく消すものだという。この副作用への効能は、同じ『医心方』が引く唐の靳邵《きんしょう》撰『服石論』[4] や王燾《おうとう》撰の『外台秘要《げだいひよう》』にも説かれているが、とくに後者では金石凌《きんせきりょう》などもそのききめがあるとする。

金石凌は、朴消《ぼくしょう》などの玉石類をまぜあわせた製剤であり、紫雪と一緒にこれまた天平宝字五年に正倉院から内裏へ持ち出されたものであった。なお、石水氷《せきすいひょう》と称する、玉石類をまぜあわせた製剤も服丹の中毒をとく薬といわれているが、(5) これも天平宝字五年に正倉院から内裏へ運ばれている。

天平宝字五年に正倉院から内裏へ持ちこまれた製剤（紫雪・金石凌・石水氷）は、すべて服丹の中毒発生をふせぐためのものであった。逆にその服丹（石）は、鐘乳床などを中心としたものであったが、いずれも鑑真の指導に負うところが大きいであろう。この点は、同時に諸病者へ支給されたわずかな玉石類が、鑑真と一緒に日本へ渡ってきた唐僧の曇浄《どんじょう》（静）と法進《ほっしん》の二人だけの口に入ったことからもうなずける（すなわち、曇浄に芒消が、法進に朴消が支給されたのである）。

## 三　光仁天皇の風病

天応元年（七八一）八月十八日にも、正倉院から造東大寺司に薬物が持ち出された（大日本古文書・四の二〇二など）。時に、光仁《こうにん》天皇は「風病《かぜのやまい》」をながくわずらい、七十三歳の老齢で「御体《おおみみ》養わん」として天応元年四月に譲位し、桓武天皇が即位した直後であった（『続日本紀』）。

風病とは百病の長といわれ、頭が重く痛み、眼はかすみ、言語障害や精神混沌などの神経的欠陥に及ぶという。この多岐にわたる症状を説いた『医心方』三は、帝釈《たいしゃく》が六時に呵梨勒丸《かりろくがん》を服す方を「録験方」から引用して、呵梨勒皮（シクンシ科）・檳榔《びんろう》子（ヤシ科）・人参・芒消《ぼうしょう》・桂心など十三味の服用をすすめている。「最上の仙薬」とうたわれたこの合薬は、天応元年に正倉院から運び出された薬物の組み合わせによく似ているから、光仁太上天皇の風病治療のためのものであったとみてほぼ間違いない。

　しかし、このときの薬物の組み合わせは煉丹というほどのものではなく、七種持ち出された薬のうち、玉石類はわずか芒消だけで、紫雪がこれに加わるていどである。しかし、かつて天平宝字五年に曇浄に支給された三種の薬物（呵梨勒・檳榔子・芒消）は、いまみた風病治療の合薬にすべて含まれており、芒消（含水硫酸マグネシウム、瀉利塩《しゃりえん》）もそのひとつであった。また、今度持ち出された紫雪も、芒消の副作用をふせぐためにわざわざ追加されたものであろう。そうすると、曇浄も風病ないしそれに近い症状であったらしく、天応元年に至っても、なお鑑真の医方の影響をみてとることができる。

　だが、もはや鑑真の存在のみを過大評価すべきではない。天応元年の薬物出蔵のあて先が造東大寺司となっているのは、一体どういうことであろうか。そこで想い起こされるのが、光仁天皇の「愛子」といわれ（大安寺碑文）、のち怨霊としておそれられた早良《さわら》親王の存在である。

彼は少年のころから出家して東大寺羂索堂《けんじゃく》（三月堂）に入った（『東大寺要録』四）。そして、「朝庭宮禅師」とも称されて、白壁王《しらかべ》（のち光仁天皇）に早くから仕え、宝亀二年（七七一）から延暦元年（七八二）ころにかけては、良弁《ろうべん》・実忠らとともに東大寺造営を指揮し、造東大寺司に隠然たる力を及ぼしていた(6)。宝亀元年（七七〇）からは、とくに「親王禅師」と呼ばれている（『東大寺要録』七）。

あるいは、譲位後、光仁太上天皇は東大寺に居を移すことがあったのであろうか。いずれにせよ、光仁太上天皇のための薬物とみてほぼ間違いないものが造東大寺司にあてられているのは、早良親王の深い介入を想定しないと理解しがたいところである。早良親王自身、これより少し前に正倉院から冶葛《やかつ》という薬物を受け取った経験をもっている（大日本古文書・四の一九九など）。

さらに、もうひとりの人物を紹介しよう。それは、天応元年六月二十五日に難波へ赴いて、朴消を練造した羽栗臣翼《はぐりのおみたすく》である（『続日本紀』）。これも、光仁太上天皇の治療の準備であったとみてよかろう。

翼は、かつて阿倍朝臣仲麻呂の従者として入唐し、そのまま唐に残留した羽（葉）栗吉麻呂の子であり、母は唐の女性であった。十六歳になった天平六年（七三四）に、父に随って帰国（来国か）し、出家して僧になるが、その才能をかわれて還俗する（『類聚国史』一八七）。しかし、中国生まれ・育ちの彼の才能は、日本でながらく認められなかったようであり、それが一応花ひらくのは光仁天皇の時代を待たなければならなかった。そして、宝亀八年（七七七）には遣唐録事として、生まれ故郷の唐へわたるのである。

この入唐で、彼の中国育ちの多彩な才能が証明された[7]。その才能のひとつに医術があって、帰国後の延暦五年（七八六）七月には、桓武天皇のもとで内薬正兼侍医に任じられている（続日本紀）。

彼が難波で練成した朴消（含水硫酸ナトリウム）は、煎練すると芒消になるといわれており、かつて天平宝字五年に正倉院から持ち出されて法進のもとへ届けられた薬物も、この朴消であった。百病にきくという重宝な薬であるが、とりわけ内臓の積聚《しこり》・結固《かたまり》・留癖《こぶ》に効能があるとされている（『本草経集注』玉石）。芒消の効能と似たところが多いのである。

光仁太上天皇の治療にあたって、今度は正倉院から朴消を持ち出すことがなかった。法進に施された朴消の不良性が立証されていたからであろうか。あるいは、入唐した翼が、朴消練成のすぐれた技能をもちかえったからであろうか。

ただ、なぜわざわざ難波に赴いたのだろうか。まず、かつて鑑真と親交があり（『東大寺要録』四）、光仁天皇の側近をつとめ、東大寺とも関係が深く（『延暦僧録』）、正倉院の薬物出蔵にも行政的に尽力した左大臣藤原朝臣魚名《うおな》との交流を想定しなければならない。この魚名は摂津国に別業《なりどころ》（別宅）を持っており、のち左遷されて大宰府へ向かう途中、病に倒れてその別業で服薬治療をおこなうことになる(『延暦僧録』など)。翼が、魚名の別業を拠点にして朴消練成にあたった可能性はあろう。

ついで、難波は瀬戸内の塩が集積されるところであった(大日本古文書・一七の五九三)。そもそも、朴消(芒消)は製塩・採塩の副産物でもあるから(『天工開物』下)[8]、塩のあつまる難波が最適であったようにも思われるのである。

## 四 金液丹

平安時代になると、嵯峨天皇や仁明《にんみょう》天皇がまさしく煉丹術に多大な関心をよせ、それを実践したことはよく知られている(『続日本後紀』承和九年七月丁未条、嘉祥三年三月癸卯条、『三代実録』貞観九年十月十日条)。すなわち、「胸病」の重くなった仁明天皇は、「草薬」の効験もなく、ついに「丹薬」の服用にふみきった。それは、「服石」経験を踏まえた嵯峨上皇の助言によるものであり、多くの医者の反対をおしきって、副作用に留意しながら「金液丹《きんえきたん》ならびに白石英」を服飲したのである。白石英がもし石水氷の異名なら[9]、中毒防止のために飲まれたものであろう。別に、五石(丹砂《たんしゃ》・雄黄《ゆうおう》・白礜《はくよ》・曾青《そうせい》・慈石《じせき》)の煎練もおこなったというが、だれもがその試飲をいやがったと伝えられる。

「胸病」の治療法を説いた『医心方』六には、金液丹の利用が何ら述べられていない。「心痛」治療を説いた「鑒真方」も、何ら触れるところがない。しかし、永観二年（九八四）に『医心方』をあらわした丹波康頼《たんばのやすより》が金液丹にまったく無関心であったわけではない。『医心方』一九に、その服用について述べられているからである。すなわち彼は、『服石論』を引用する形で、金液華神《かしん》丹が万病にきくこと、もとこれは太上真人九元子《たいじょうしんじんきゅうげんし》の秘方であること、合薬については俗人の知るところではないこと、胸部・腹部の病に抜群の効果があることなどを指摘している。ただ、これは「養生の丹」ではなく、臨時に用いるものであるから、くれぐれも「多服」しないようにと言い添えているのである。

「胸病」にたえかねた仁明天皇の服丹は、これによると必ずしも的はずれではなかった。九世紀前半に突然登場した金液丹は、これ以後、貴族社会の一部で用いられていく。しかし、それもやはり例外であったとみてよい。たとえば、「腹病」で丹薬を三度ほど飲んだ三条天皇は、その副作用で知覚障害をおこし、ただちに草薬（呵梨勒丸）にきりかえた。植物性と鉱物性の合薬である紅雪《こうせつ》も用いたが、それは古いものであったというから、通常は使われていなかったのである（『小右記』長和三年三月一日条以下）。また、藤原朝臣道長は、丹薬を口にしようとはせず、もっぱら草木類にたよっている（『小右記』長和五年五月十日条以下）。ただ、道長の子である頼宗の妻（伊周の女）は、下痢症状をともなう腹部の重篤に陥ったとき、医師を含む人々のすすめによって金液丹を飲んだことがあった（『小右記』長元四年八月四日条など）。しかし、多くの人がすすめたこと、病状のありかたなどからみて、この金液丹が仁明天皇ら服用のそれと同じものであったかどうかは疑わしいのである。重篤を治すきわめつけの薬として、金液丹の名称が信仰されたと言うべきかもしれない。

ところが、さらに遡って十世紀前半のこと、藤原朝臣忠平の妻（宇多法皇の皇女）は「反痢」をわずらい、約一週間のうちに六丸はくだらない金丹（金液丹）を飲みつづけた（『貞信公記』延喜二十年五月十八日条以下）。それから数年後、今度は忠平自身がとりつかれたように金液丹を飲み始める（『貞信公記』延長二年三月十七日条以下）。ほぼ四十日ちかくに及び、この間、練丹もおこない、西院（淳和院）からも一丸とりよせ、六十丸に至ることもあった。

これは、まことに異常である。しかし、これまた仁明天皇ら服用の金液丹と同じものであったかどうかは覚束ない。そもそも忠平は、三十二歳であった延喜十一年（九一一）から紅雪・鐘乳丸などを飲み始めるが、常用薬が（肉《にく》）従容散《じゅうようさん》（丸《がん》）というハマウツボ科の草木類であったことを忘れてはならないのである（『貞信公記』延喜十一年十月九日条など）。

## 五　人体改造・創造

問題の金液丹は、太上真人九元子の秘方という。紫金を煉り、神丹を合して登仙し、「庚辛経《こうしんけい》」をあらわしたという九元子は、唐代の人物だといわれる（『雲笈七籤』一一〇）[10]。古くは、老子の師である元君が金液を老子に授けたというから（『抱朴子』金丹篇）、九元子は元君から発展した伝承的な人物とした方がよいであろう。しかし、いずれにせよ、仁明天皇らが服用した金液丹は、単なる医薬というよりも、まずもって道教あるいは老荘・神仙への関心のひとつのあらわれとみなければならない。

たしかに、九世紀末までの日本には、『太清神丹経《たいせいしんたんきょう》』『太清金液丹経《たいせいきんえきたんきょう》』などの神丹関係の経典が伝えられていた（『日本国現在書目録』医方家）。そして、九世紀前半には、老荘・神仙への関心がたかまっている。仁明天皇の皇太子は弱冠九歳で「老成せる人の如し」とたたえられ、仁明天皇の病を「咒験《じゅげん》」で治すという比丘は「仙樹」と呼ばれた（『続日本後紀』天長十年三月乙巳条、六月壬戌条）。

金液丹を飲んだ仁明天皇自身、『荘子』を学び、その竟宴を催した（『続日本後紀』承和十四年五月乙亥条）。天皇即位時の大嘗会の宴では、悠紀《ゆき》・主基《すき》の立てた標《ひょう》が神仙にかたどられ、天老・西王母なども描かれた（『続日本後紀』天長十年十一月戊辰条）。天皇の四十歳を祝う宴は、その極致を迎える。天人が「御薬」をささげ、浦島子や吉野の天女らが去来して「長生」をあらわす群像がつくられ、これに常世《とこよ》の国をことほぐ長歌がそえられて献上されたのである（『続日本後紀』嘉祥二年三月庚辰条）。「西王母の塑像の救疾の験」（『雲笈七籤』一一九）によく似た舞台装置であった。

弱冠より死をみすえながら、「無位無号」「無事無為」の「山水」「逍遙」をねがった嵯峨上皇が薄葬《はくそう》を遺詔したのも、丹薬と老荘への関心、そして死生観のからまりあいを示唆している（『続日本後紀』承和九年七月丁未条）。天にかえる人の精魂と、空しくのこって鬼物がすくうようになる無意味な厚葬墳墓との関係を指摘して、みずからの散骨をのぞんだ淳和上皇の考えかたも、あわせて参考になろう（『続日本後紀』承和七年五月辛巳条）。しかし、淳和上皇の遺言がそのまま実行にうつされなかったことと、丹薬服用が異例であったこととは軌を一にする現象である。

ところが、金液丹の服用には、歴史的な変化をこえた、より基本的な問題がひそんでいる。たとえば古く七世紀に遡って、法隆寺金堂四天王像のうちの多聞天は、「薬師」を筆頭にして「鉄師」らの製作するところであった（銘文）。これは、「薬師」の玉石類の薬物知識・技能そして思考と、「鉄師」の仏像鋳造にかかわるそれとがきわめて近似したものであったことを示唆していよう。

仏像鋳造の最たるものは、東大寺の大仏である。その開眼供養の予定日である天平勝宝四年（七五二）四月八日に、射香《じゃこう》・犀角《さいかく》・雄黄《ゆうおう》・牛黄《ごおう》・犀角杯《さいかくはい》・玉杵《ぎょくしょ》が大仏に献じられようとした（大日本古文書・三の五七〇）。これらの多くは正倉院蔵の薬物に一致するから、一種の薬物献上とみることができる。

ところが、この薬の組みあわせが特定の病を想定したものとは考えにくい。そこでまず、これらの薬の多くが（玉杵をのぞく）辟邪に共通してきくといわれていることに気付く（『本草経集注』玉石・虫獣）。大仏の辟邪の力をたかめようとしたか、辟邪の力をもって大仏を守ろうとしたかであろう。

しかしさらに注意したいのは、鉱物質の雄黄（鶏冠石、二硫化砒素《ひそ》）が銅を得て金をなすと考えられており、その方法が「仙経」に説かれていることである（『本草経集注』玉石）。また、雄黄を含む献上薬物が、『雲笈七籤』七一にまとめられた煉丹術の成分と一致するところも認められる。すると、この献上薬物は煉丹術を表現したものであり、とりわけ雄黄は大仏鋳造そして鍍金の象徴でさえあったことになろう。

そもそも、大仏の鋳造は、銅（鉱石や鏡などの製品も含む）に錫をまぜて、まっ赤な湯に沸騰させたものを鋳型に流しこむ。そして、水銀に金の小片や薄板《うすいた》、砂金などを化合させて金アマルガムをつくり、これを酢でみがいた大仏の銅に塗りつける。さらに三五〇度くらいの高温で熱して、水銀を蒸発させ、布などで金の付着した表面をみがく。この作業を何度もくりかえすと、初め白色であった大仏は、かがやくばかりの黄金色にかわってくるのである。(11)

この方法は、古く飛鳥大仏の時から基本的にはかわっていない。東大寺大仏の場合、開眼供養の時はまだ鍍金がはじまったばかりであるから、雄黄などの献上は、辟邪の力をたかめると同時に、鍍金あるいは「金人《きんじん》」（仏像）出現を促すものであったと言えよう（東大寺木簡）。ところが、雄黄などは一方で薬物であるから、丹薬の服用により金銅仏ならぬ人体が、辟邪の力を持った「金人」に生まれかわり、つくりかえられるという意味を帯びていたとみなければならない。

このことは、金液丹の場合により明らかである。少なくとも中国では、黄金・玄明龍膏《げんめいりゅうこう》（水銀）・太乙旬首中石《たいいつじゅんしゅちゅうせき》（雄黄）・氷石（凝石水）・紫遊女（戎塩《じゅうえん》）・玄水液（酢）・金化石（消石）・丹砂をまぜあわせてつくり、ひとたび口に入れれば、その身はみな金色になって、身そのものを練じて不老不死に至るという（『抱朴子』金丹篇）。この金液丹の錬成と金銅仏の鋳造・鍍金と、雄黄などの薬物献上とが、知識・技能レベルにおいても、考えかたのレベルにおいても、もはや分かちがたいことは明らかであろう。

しかし、金銅仏の鋳造・鍍金のみに限定してはならない。すでに紹介した羽栗臣翼は、丹波国で発見された白鑞（錫）のようなものの鑑定を依頼されて入唐した（『続日本紀』天平神護二年七月己卯条)。これは、彼の医術の知識・技能がたよりにされたからであり、錫の合成薬も知られている(『雲笈七籤』七一)。しかし、錫は造仏にも、鏡にも、銭貨にも銅とあわせて用いられるのである。

くだって九世紀半ば、長門国の医師は長登《ながのぼり》銅山(山口県美祢郡美東町)の採銅使となり、銅・鉛の採掘に尽力した(『三代実録』貞観元年二月二十五日条)。医師が銅・鉛の知識を持つことは、何ら不思議ではなかったのである。時あたかも、首の落ちた大仏の修復がすすみ、「饒益《じょうえき》神宝《しんぽう》」と称する貨銭が世に出ようとしていた。銅と錫を主成分としていた貨銭鋳造は、銅と鉛の組み合わせにかわろうとしていたのである[12]。

これら金銅仏・鏡・貨銭などに共通して求められるのは、鉱物性のものをまぜあわせて画期的な変容を披露し、辟邪などの咒験を示す物質そのものとしての存在であった。そして実は、人の身体もその一環であることがあって、それは、もはや単なる延命をねがうのではなく、生死をこえた呪力そのものの人体改造(創造)にほかならない。病気治療のための煉丹術とは、本質的にこのようなものであるが、それは当然ながら、病気治療ではないのである。雑穀などによる平生的な医療が理解するところの人の身体と、問題の煉丹術をもってする人の身体との差異はあまりに大きく、深いと言わなければならない。

日本の仏像が、金銅仏から木像仏への変化を示すのも、この問題と無関係ではあるまい。

【注】

（1）奈良県教育委員会編『藤原宮』（奈良県史跡名勝天然記念物調査報告25　一九六九年）
（2）益富寿之助『正倉院薬物を中心とする古代石薬の研究』（日本鉱物趣味の会　一九五八年）
（3）坂出祥伸『道教と養生思想』（ぺりかん社　一九九二年）
（4）坂出祥伸「『医心方』における医療と道教」（『医心方の研究』オリエント出版社　一九九四年）
（5）朝比奈康彦編『正倉院薬物』（植物文献刊行会　一九五五年）
（6）山田英雄「早良親王と東大寺」（『南都仏教』12　一九六三年）
（7）角田文衛「葉栗臣翼の生涯」（『古代文化』9―2・3　一九六二年）
（8）前掲注（2）
（9）前掲注（5）
（10）前掲注（4）
（11）小林行雄『古代の技術』（塙書房　一九七三年版）、香取忠彦『奈良の大仏』（草思社　一九八一年）
（12）前掲注（11）小林行雄著

【補注】

本稿は、『しにか』6―11（大修館書店　一九九五年）に掲載された「古代日本の煉丹術」を一部改筆したものである。

# 墓の無い人々

## 一　空也の登場と骨骸

慶滋保胤《よしげのやすたね》は、『日本往生極楽記《にほんおうじょうごくらくき》』空也《くうや》《こうや》伝の中で「天慶より以往《さきつかた》、道場聚落《しゅうらく》に念仏三昧《ねんぶつざんまい》を修すること希有《けう》なりき」と述べている。天慶元年（九三八）に空也が入京して、初めて阿弥陀念仏がさかんになったというのである。もちろん、これ以前から、最後の遣唐使の一員であった円仁《えんにん》が音楽性に富んだ法照《ほうしょう》流の五会《ごえ》念仏をもたらしており、これは比叡山を中心によくおこなわれていた。いわゆる、山の不断《ふだん》念仏であり、夜の念仏でもあった。[1] しかし、京中や道場聚落での念仏の流布は、やはり空也とその時代を待たなければならなかった。

入京前後の空也は、「市聖《いちのひじり》」「阿弥陀聖」と呼ばれ、錫杖《しゃくじょう》と金鼓《きんこ》を肌身はなさず（『小右記』万寿三年七月二十三日条）、つねに南無阿弥陀仏を唱えていたという。

入京後、彼の関心と営為は、一貫して骨骸《こつがい》とそれへの対処にあった。源為憲《みなもとのためのり》は、『空也《くうや》《こうや》誄《るい》』の中で「曠野《こうや》古原《こげん》に委骸《いがい》あるごとに、これを一処に堆《あつ》め、油を灌《そそ》ぎて焼き、阿弥陀仏の名を唱ふ」と書きのこしている。また、三善道統《みよしみちむね》は空也のための「大般若経供養願文《だいはんにゃきょうくようがんもん》」を草して、「山川藪沢《さんせんすうたく》、いずれのところか生死の形骸なからん」とも、「荒原古今の骨、東岱《とうたい》の魂、あわせて薫修に関《あずか》り、ことごとく妙覚を證せん」とも述べている。これは、もっぱら文飾のように思われるかもしれないが、くしくも「無墓物《はかなきもの》」（『権記《ごんき》』長保二年十二月十九日条）と言い表されたように、形としての墓をもたない骨骸は処々に散乱していたのが現実であった。

とくに応和三年（九六三）に、空也が大般若経供養を盛大におこない、その場所が六波羅蜜寺《ろくはらみつじ》（西光寺《さいこうじ》）へと発展した鴨川《かもがわ》辺は、骨骸の散乱するところであった。すでに九世紀中葉には、鴨河原を中心とするところの髑髏《されこうべ》が集めて焼かれたり、葬られたりしている（『続日本後紀』承和九年十月甲戌・癸未条）。

しかし、これをたんなる骨骸の放置とみるわけにはいかない。「百姓葬送の地」ともみられていた（貞観十三年閏八月二十八日太政官符）。また、骨灰を小桶に入れて鴨川に流し、海へ注いだこともあった（『権記』寛弘八年七月十二日条）。鴨川は、葬送の道でもあったのである。

## 二　「忌」と「弃置」

必ずしも鴨川には限らないが、死者を「弃《す》」てることがおこなわれており（『今昔物語集』巻一三第一〇、巻二四第二〇など）、この行為は一種の葬送であって、たんなる放置ではなかった。「弃置《すておか》レッ」というところを、「墓所」とさえ呼ぶことがあった（『今昔物語集』巻一三第三〇）。しかしこのような「弃置」は、死者に限ることなく、死を予定された疫病《えきびょう》者らにも及んだ。看養の人もなく、近親者からさえ「忌」とされて路辺に出され、そのまま餓死に至った者も多い（弘仁四年六月一日、同十三年三月二十六日太政官符）。疫病者自身も同意した上で、食物を備えられて外へ出された者もいた（『今昔物語集』巻二六第二〇）。

これは、死に対する一つの認識と対処を示している。死と、それに向かう病人は、まず「忌」とされた。そして、それは屋外に出されなければならなかった（『今昔物語集』巻一七第二五、巻一九第一〇など）。「弃置」とは、何よりも屋内に置くことの反対行為であったのである。また、死者が次第に腐乱して、骨骸化があらわなのも一面では当然であって、むしろ、そうならない尸骸《しがい》が祟《たた》る「霊」として恐れられもした（『今昔物語集』巻二四第二〇）。

しかし、これらのことが、ただちに死者の存在を忘れ去ることを意味しない。たとえば、すでに早くから、死んだ親族の霊を十二月の晦日《みそか》に屋内で拝し、饗することがおこなわれていた（『日本霊異記』上巻一二、下巻二七）。また、のちの貴族社会でも、私宅ないしその寺院化したところで、「御魂《みたま》と号してこれを拝す」ことがおこなわれている（『権記』寛弘八年十二月二十九日条）。盂蘭盆会《うらぼんえ》も、これと同様に考えることができる。すなわち、死者はふつう私宅内で、あるいは寺院で節目ごとにまつられたのであり、逆に、屋外の「弃置」ところへの関心は、さほど高くなかったのである。もっとも、現皇統とその外戚関係の陵墓は別であるが、これとて早くから強く意識されていたわけでは必ずしもない。ところが、このような死に対する認識と対処に大きな変換をもたらしたのが、空也とその時代の価値観であった。死者の腐乱化を目前にして、出家をする者が出始めたのも、まさにこの大きな変換を示している（『今昔物語集』巻一九第一〇）。

## 三　鬼と怨霊

この変換の原因としくみを説き明かす必要があるが、それは容易なことではない。今は、二、三の問題点を指摘するにとどめたい。

まず、「終命の人」ではなく、「夭枉《ようおう》の鬼」となる死者が増えている（弘仁四年六月一日太政官符)。これは路傍で餓死する疫病者などをさしているが、問題はさらに、それを鬼と呼ぶことにある。たんに葬られた死者を、鬼として恐怖することとさえあった(『今昔物語集』巻二七第三六)、さきのような祟る霊もいる。これは、死にかたの差異にもよろうが、かつて淳和太上《じゅんなだいじょう》天皇は「人歿すれば精魂天に皈《かえ》らん、しかるに空しく冢墓《ちょうぼ》を存して鬼物憑《つ》く、終《つい》には乃ち祟をなして長く後累を貽《のこ》さん、今すべからく骨を砕きて粉となし、これを山中に散らさん」(『続日本後紀』承和七年五月辛巳条)と遺言した。骨骸を「弃置」(山陵への埋葬さえ含みうる)ことによって、みだりに鬼がつき、のちに祟る霊となることが恐怖される場合があったのである。棺の四壁を固く閉ざして、人畜の抛犯をふせごうとした行為(『日本三代実録』貞観十年閏十二月二十八日条)も、これと裏腹の関係にある。人々の関心は、「墓所」でもある「弃置」ところへ確実に向かっていたのである。

では、なぜ鬼がつくと考えられてきたのか。それは、死霊を御魂と号して拝することがままならなくなってきたという、生の側の逆の現実が存在することと少なくとも関係があろう。いみじくも、慶滋保胤が『池亭記《ちていき》』で述懐したように、貴賤を含む京の居住者の変転は余りにもはげしくて、御魂を恒常的に拝することなどおよそ不可能な場合が多くなっていたはずである。この鬼化ないし怨霊化の問題が生の側にあることは、天皇家や摂関家《せっかんけ》の場合とて例外ではない。また、阿弥陀信仰を強くもつ覚超《かくちょう》が『修善講式《しゅぜんこうしき》』をあらわして、率堵婆《そとうば》を建てることにこだわり、郷内の「怨敵」「怨霊」を含むすべての生死者の極楽往生を願ったのも《そとば》、(2)村落秩序の変容とそれへの対処を逆に物語っていよう。帰属しえない骨骸が、鬼化・怨霊化するとみられても仕方ないのである。

## 四　検非違使の「掃清」と抜苦

路辺の疫病者の著しい苦悩と、その抜苦も問題になる。疫病者をさけることなく、「慈悲・看病・抜苦」を実践する持経者《じきょうしゃ》があらわれてくるのである（『大日本国法華経験記《だいにほんこくほけきょうげんき》』中巻六六）。しかし、このような苦悩は疫病者に限られない。鬼化する死そのものが、苦悩をのがれられないのである。京中で、鬼が人を食う話はよく聞かれたが（『日本三代実録』仁和三年八月十七日条、『日本紀略《にほんきりゃく》』寛平元年七月二十四日条・天徳二年閏七月九日条など）、もはや『往生要集』の説く餓鬼道の鬼と区別することは難しい。また、信濃国から入京したとされる人を食う鬼は、「法師形」（童男）をしているとうわさされた（『日本紀略』寛平元年七月二十四日条）。これは、尸骸を処理利用する河原《かわら》法師を鬼とみたのであろう。鬼はたしかに、尸骸や疫病者の間をよくうごめいていたのである。

しかし、ここで最後に加えておかなければならないのは、囚徒《しゅうと》の存在である。検非違使《けびいし》によって捕らえられた彼らは、じつは死者や疫病者と区別しがたいからである。まず、検非違使によって尋問・拷問・行刑される囚徒の苦悩は、あたかも『往生要集』で説く地獄の獄卒《ごくそつ》と罪人の関係に重ね合わせて考えることができる。次に、検非違使は汚穢《おわい》物や不浄を掃清する任にあり（3）、囚徒はこの掃清された者、あるいはされる対象にあたるとみてよい。

　尸骸や疫病者こそ、汚穢物とみなされていった。『大日本国法華経験記』中巻六六は、「路頭に病める人あり、屎尿《くそゆばり》塗り漫《けが》して、臭《くさ》く穢《けがらわ》しく不浄なり、見る人、鼻を塞《ふさ》ぎ目を閉じて走り過ぐ」と伝えている。また、藤原実資《さねすけ》は「路頭の死骸、連々として絶えず」と述べ、その「汚穢物」の「掃清」が検非違使によっておこなわれたという（『小右記』長和四年六月十一日、四月十九日条）。『往生要集』の地獄も、「死屍糞泥《ししふんない》」のところであった。

　検非違使は、ときに多くの昇殿《しょうでん》人を出し、一方で、看督長《かどのおさ》・放免《ほうめん》（庁下部《ちょうのしもべ》）・別当下人《べっとうげにん》らによる夜の狼藉もはげしくなった（『同』長和三年四月二十一日、六月十八日条）。藤原行成《ゆきなり》は、しばしばこのような検非違使の夢をみる。検非違使が鳥戸野《とりべの》で山陵を卜《ぼく》すという「穢徴」は、まさに一条法皇《いちじょうほうおう》の死の「夢徴」であった（『権記』寛弘八年七月十二日条）。あるいは、検非違使によって召される悪夢に恐怖し、阿弥陀如来が守ってくれたと信じている（『同』寛弘二年九月二十九日条裏書《うらがき》）。空也の系譜を引くところがある皮仙《かわのひじり》（聖）こと行円《ぎょうえん》は、検非違使に捕らえられた者の救済に奔走することにもなるのである（『小右記』寛仁二年十月二日条）。

鬼化するおそれのある骨骸、死を予定された病人、そして検非違使に捕らえられた囚徒の問題を少なくとも欠いては、空也の活動を理解することなど不可能である。事実、『空也誄』には、これらのことがすべて記録されている。尸骸のことはいうに及ばず、神泉苑《しんせんえん》北門外の病女を「養育」したこと、東都の囚門に卒堵婆などを建てて、囚徒の「抜苦の因」をつくろうとしたことなどである。これに不浄の問題を加えるなら、骨骸の絶えることない鴨川辺に宝殿（仏世尊の月殿）をかりに建て、大般若経を竜頭鷁首《りゅうとうげきしゅ》の舟に載せ、伎楽・音声《おんじょう》をもって仏乗を讃える営み（『本朝文粋《ほんちょうもんずい》』一三）は、あたかも当地に「極楽界」の「国土荘厳」を一時でももたらそうとしたといえるのではなかろうか。地獄や餓鬼道から、極楽への変換でもある。

しかし、さらに重要なことは、帰属の不安な尸骸、汚穢物にまみれた病人、検非違使によって尸骸や疫病者と等しく処理されようとする囚徒らに、そしてじつはこれらに至る可能性をはらんだ生者・死者に、これまでにない統一的で確実な死への道を一律に示して保証し、ちがった意味での掃清を敢行したことである。「弃置」ところの「墓所」から、さらに「山ノ中ニ清キ所ヲ撰テ置ツ」（『今昔物語集』巻一三第三〇）というあらたな掃清も、この方向によく合致するであろう。

空也は、天禄元年（九七〇）に死んだ藤原師氏《もろうじ》の葬送にあたり、「閻羅《えんら》王（宮）」あてに「瞻《せん》部州《ぶしゅう》日本国大納言《だいなごん》師氏」である「空也の檀越《だんおつ》」への「優恤《あわれみ》」をたのむ書状をしたためたことがある。すなわち、彼は「閻羅王（宮）」と「瞻部州日本国」の各種の死者およびその予定者との稀有な媒介者たらんとしたのであり、「抜苦」に象徴される「極楽界」への道筋を一様に確定しようとしたのである。貴賤を含む結縁者の多さは、逆にその期待のあらわれでもあった。いわば「極楽界」への確実な帰属とあらたな掃清を目《もく》した空也の世界秩序は、鴨川辺に集約される「瞻部州日本国」と「閻羅王（宮）」（冥途）と「極楽界」によって成り立っていたのである。そして彼は、「極楽は、遙けきほどと聞きしかど、つとめて至るところなりけり」とつねに誦し、人々もこれを聞いたという。

## 六　勧学会と文人貴族の自負心

空也に結縁した三善道統・慶滋保胤ら文人貴族（大学北堂の学生《がくしょう》）は、康保元年（九六四）から、比叡坂本の諸寺を借りて勧学会《かんがくえ》を始めた。学生二〇人、比叡山僧侶二〇人からなるこの会は、三月と九月の十五日に開かれ、朝に法華経を講じ、夕に弥陀仏を念じ、暁に至るまで仏法をたたえる詩を作って寺においた（『三宝絵詞《さんぼうえことば》』、『本朝文粋』一〇、『本朝続文粋』八、『勧学会記』）。

文人貴族の阿弥陀信仰は、空也のそれと必ずしも同じではない。彼らには、「累代《るいだい》」であれ「起家」であれ、強い自負心があった。それは、『凌雲集《りょううんしゅう》』序の「文章は経国の大業、不朽の盛事」によくあらわれており、『経国集《けいこくしゅう》』序からも知ることができる。

詩文に対する期待や自負心は、いろいろな形であらわれる。まず、鴻臚館《こうろかん》廃止の反対を主張したように（『本朝文粋』二）、詩文は対外的な礼秩序関係に保証され、かつ、それを活性化するものとみられていた。国内的には、王権のありかたをめぐる「鑒誡《かんかい》」としての「古賢遺言《こけんゆいごん》」の意味をもつ（『小右記』寛仁二年六月二十日、二十六日条）。一例として、「白氏文集雑興詩《はくしもんじゅうざつきょうし》」をあげることができるが、「白氏文集」は文人貴族のよく親しむところであり、「鑒誡」としての「古賢遺言」を反復し、それに倣《なら》おうとする自尊心を垣間見ることができよう。

また、彼らは文書の作成に熱中した。莫大な数に及ぶ「詔勅《しょうちょく》、宣命《せんみょう》、位記等」を、「独り自ら」「考正」「手書」「作書」した内記《ないき》の職を誇らしく語るのである（『本朝文粋』六）。慶滋保胤もこの内記を務めたが、「位は卑しきといえども、職なお貴し」（『池亭記』）と述べている。

さらに、日本とその治政は、詩文に値する価値を帯びていなければならなかった。「辺土は、これ酔郷《すいきょう》ならず」とも、「北陸は、あに亦《また》詩国ならんや」とも歎じて止まないのである（『本朝文粋』九）。これを裏返せば、京とその周辺こそ、第一義的に「酔郷」「詩国」であり、またそうでなければならないという都市貴族の価値観を読みとることができよう。

## 七　「こゑ仏事」の構造

文人貴族の自負心と価値観は、多く裏切られていく。対外的な礼秩序は、もはや失われている。摂関政治のもとで、「鑒誡」としての詩文も空洞化していた。文書の作成もいたずらに量に傾斜して、「詔勅、宣命、位記」の有効性にも問題がある。京でさえ、詩文に値しないところになっていた。まさに、文人貴族の存在根拠は、大きく崩壊しつつあったのである。

この崩壊を、経済的な困窮が助長した。延喜十四年（九一四）の「三善清行《みよしきよゆき》意見封事《いけんふうじ》十二箇条」は、大学生の貧困と大学の衰退をあばいている。勧学会につどう文人貴族も、たしかに富める者ではなかった。自分たち所有の会所堂宇を建てたいと思っても、多くは「貧」なる者ばかりであり、数少ない受領国司《ずりょうこくし》にその費用を懇請しなければならないありさまであった（『本朝文粋』一二、一三）。

崩壊していく文人貴族の存在根拠は、阿弥陀信仰へと一部転換されていく。しかしそれは、ただ現世を否定するのではなく、屈折した連帯意識をまず求めている。「故人党結・同心合力」（『同』一三）を主張するのである。そもそも彼らは、「独り自ら」の行為を誇り、「独り吟じ、独り詠ず」(『池亭記』)生活をおそれない。しかし一方で、任官の「例」にこだわり、「独り」その「例」からもれることを「恥」とも考えた(『本朝文粋』六)。これは自己矛盾以外のなにものでもなくて、その超克は勧学会に託される。

勧学会は、「こゑ仏事」とも呼ばれた(『三宝絵詞』)。慶滋保胤も、「口を開け、声を揚げて」の阿弥陀仏名号を唱えることにたいへんこだわっている(『本朝文粋』一〇)。これは、『池亭記』の記述と無縁ではない。東京《ひがしのきょう》四条以北の貴賤密集地帯では、「高家」「富者」「勢家」に軒をつらねる「少屋」「貧者」「微身」の者は、みずからを「恥」として、楽しみがあっても「大きく口を開けて咲《わら》うこと能《あた》はず」、哀しみがあっても「高く声を揚げて哭《な》くこと能はず」という現実があったというのである。これは、例にもれる「独り」を誇りとしつつも「恥」とする文人貴族にとって、政治・経済力の問題ともからんで、およそ他人事ではありえまい。

「こゑ仏事」は、「独り」と「例」を巧みに止揚した営為であり、産物であった。おそらく、「独り」と「例」の自己矛盾を罪障の一つと自覚しながら、何はばかることない哀楽の率直な表現、つまり法照流の阿弥陀念仏は、自らの自尊心とその連帯をたかめるのに不可欠なものであったにちがいない。

詩をもって、それぞれが讃仏・歎仏することも、「こゑ仏事」の一環であった。しかし、ここで注意したいのは、彼らが詠ずべき対象を喪失し、その詩文の政治的な有効性が大きくゆらいでいたことである。「詩魔」（『本朝文粋』八）と自覚しつつも、「法華経」などにあらわされた仏教の世界を詩文の対象として讃歎せざるをえなくなっていたのである。

## 八　「詩魔」と連帯

これらは記録されて、開催場所の寺に残された。「援記時の験」ないし「総別の記」として保存されたものとみてよい（『同』一〇）。いわば、極楽往生の保証書のようなものである。つまり、生命を終えても、文人貴族としての自負心と連帯を維持し、阿弥陀仏とその極楽世界がそれを絶対的に約束してくれるというわけである。しかし、寛和二年（九八六）に出家した慶滋保胤（寂心《じゃくしん》）は、これに満足せず、別な道を歩み始めた。勧学会じたいも、これを契機に自らの限界を露呈した感があり、中断に至る。

一方、勧学会の「党結」の半分を占める比叡山僧侶たちは、この会についてほとんど直接的な発言を残していない。このこと自体、彼らにとって勧学会がさして重要な意味をもたなかったことのあらわれかもしれない。ただ、のち天台座主《てんだいざす》にのぼる慶円《けいえん》、源信《げんしん》の弟子の能救《のうきゅう》など一四人の名が知られている（『勧学会記』）。

## 九　二十五三昧会の発足

慶滋保胤が出家し、勧学会が解散した寛和二年から、比叡山横川《よかわ》の首楞厳《しゅりょうごん》院で二十五三昧《にじゅうござんまい》会《え》がはじまった。その記録は、寛和二年に保胤が草した「起請《きしょう》八箇条」、永延二年（九八八）に源信がしたためた「起請十二箇条」などである（『恵心《えしん》僧都全集』一）。今のところ、勧学会と二十五三昧会の根本結衆《こんぽんけっしゅう》僧侶との間に重複が認められないので、両者にはかなりの差異があったとしなければならない。保胤が出家した所以でもある。

当初、一〇名から発足したとおぼしき二十五三昧会には、「尼女・在俗」が含まれていない。二五人の根本結衆の段階に至っても、これに変わりはない。彼らは、毎月十五日に「結衆」「党」として集い、夜の念仏を中心とした仏事をおこなった。

彼らの関心は、死とそれに至る病気に向けられていた。まず、病気については、病人を往生院へ移して、結衆が結番《けちばん》で看病し、極楽往生を願う。危篤の藤原道長が、法成寺《ほうじょうじ》阿弥陀堂に移ったのも、この方法にならったものである。

死については、光明真言《こうみょうしんごん》を誦して、土砂を加持し、亡者の尸骸にそれを散らして、死者の罪障をのぞき往生させる。そして、安養廟《あんにょうびょう》（花台《かだい》廟）に率都婆《そとば》（多種陀羅尼《たしゅだらに》を内に置く）を建て、そこを墓所と定めるという。光明真言や陀羅尼と念仏が分かちがたい九世紀の密教色の濃い段階を、よく継承しているといえよう。

## 十　病気と死

病気と死をめぐる保胤と源信の認識や関心は、必ずしも等しくない。病気に多大なこだわりをみせるのは、保胤のほうである。彼は、少なくとも二つの観点から病気をとらえている。一つは、病人を「別処」に移す理由である。それは、これまで生活していた「旧所」での資財や眷属《けんぞく》などへの「衆生貪着《しゅじょうどんちゃく》」をさけて、「厭離《おんり》を生ぜしむ」ためだと説く。いま一つは、「臭穢不浄《しゅえふじょう》を厭離することなく」「触穢番衆《しょくえばんしゅう》」たる「看病人」を結番で立てるという。この「厭離」をめぐる二重構造的な認識は、これまでの病人にまとわりつく「忌」と「弃置」、そして看病をさけるという思考と営為に大きな転換を迫るものであった。

源信のほうは、死により深い関心を示す。「その骸は露地に臥し、鳥鵄《し》は眼を鑿《うが》ち、骨は煙村に横たわり、獣脣《しん》は臠《ししむら》を啄《ついば》む」と指摘して、「魂は縦《たとえ》花蔵の月に籠るといえども、身は猶《なお》いたずらに蒿里《こうり》の塵《ちり》となる」と説いていく。そこで、方神《ほうしん》や土公《どこう》をおそれることなく、真言をもって処を鎮め、そこを墓所として率都婆を建てるべきだというのである。これは、淳和太上天皇の遺詔《いしょう》にあらわれた考えかたを形を変えて実践したものであり、空也の世界にも近い。

勧学会と二十五三昧会は、やはり大きくちがうとみるべきである。二十五三昧会の中でも、より貴族社会に近い保胤的なものと、より空也に近い源信的なものが混在している。しかし逆にいえば、保胤的なものと源信的なものを、むしろ広く包摂していたのが空也とその念仏世界であった。空也とその広い結縁世界を、限られた結社内で自覚化し、理論化して実践したのが二十五三昧会であったといえようか。

【注】

(1) 薗田香融『平安仏教の研究』(法蔵館　一九八一年)

(2) 赤松俊秀『続鎌倉仏教の研究』(平楽寺書店　一九六六年)

(3) 丹生谷哲一『検非違使』(平凡社選書　一九八六年)

【補注】

本稿は、吉村武彦・吉岡眞之編『新視点日本の歴史3　古代編Ⅱ』(新人物往来社　一九九三年)に収められた「浄土信仰はなぜ起こったか」を一部改筆したものである。なお、その他の主な参考文献は、次のとおりである。

速水侑『平安貴族社会と仏教』（吉川弘文館　一九七五年）
田中久夫『祖先祭祀の研究』（弘文堂　一九七八年）
三間重敏「『空也上人誄』の校訂及び訓読と校訂に関する私見」（『南都仏教』42　一九七九年）
大隅和雄・速水侑編『源信　日本名僧論集4』（吉川弘文館　一九八三年）
後藤昭雄「『勧学会記』について」（『国語と国文学』63—6　一九八六年）
速水侑『日本仏教史　古代』（吉川弘文館　一九八六年）
小原仁『文人貴族の系譜』（吉川弘文館　一九八七年）

# 三章　漂泊する海の人々

# 海をめぐる生活と文化

## 一　漂泊する海人

海の民は、河川や湖の場合もあるが、主として海を舞台とした生業にたずさわる人びとのことである。海産物を採取し、それらを加工し、また製塩をおこなったり、船を運航したりする。しかし、古代史料上は、彼らをしばしば海人《かいじん》とよんでいるので、耳慣れない言葉ではあるが、これから海の民のことを海人《あま》と記していくことにしよう。また、ここでは、難波《なにわ》以西の海人について多くを語ることになるであろう。

海人は漂泊する。三日三夜、あるいは七日も家に帰ることなく海上で魚を求め、やがて海中の神仙境へと招かれて結婚し、三年がすぎたと思って、もとの家に帰ってみると、もはやそこにかつての生活はなく、実はながい歳月を経ていたというような伝説がみられる。いわゆる浦島子《うらしまのこ》伝承である。これは、『日本書紀』雄略二十二年七月条の丹波国《たんばのくに》（京都府および兵庫県の一部）余社郡《よさ》管川《つつかわ》を舞台とする伝承にはじまり、『丹後国風土記』逸文や、『万葉集』巻九の一七四〇などへと語りつがれていった。『万葉集』の場合は、墨吉《すみのえ》（住吉）の海人を歌ったものともいう。丹後（もと丹波）国与謝（余社）郡は、若狭湾の出入り口に位置する与謝半島にあって、海人の多く去来するところであった。天平九年度（七三七）の但馬国《たじまのくに》（兵庫県北部）の収支決算報告書である『但馬国正税帳《しょうぜいちょう》』には、与謝郡大領《だいりょう》（郡の長官）として海直忍立《あまのあたいおしたて》が記録されており、いわゆる「海部《あまべ》氏系図」を残してきた丹後国一の宮の籠《この》神社も、与謝郡内にある。浦島子伝承には、このような海人の漂泊する生活ぶりが、少なくともひとつの構成要素になっていたものと思われる。

## 二　浮沈する海部郷（里）

『万葉集』巻十六の三八六五には、「荒雄《あらお》らは　妻子《めこ》の産業《なり》をば思はずろ　年の八歳《やとせ》を待てど来まさず」という歌がある。八世紀の初め、筑前国糟屋《かすや》郡志賀《しか》村の白水郎《あま》である荒雄が、同じ国の宗像《むなかた》郡の宗形部津麿《つまろ》の代わりとして、対馬の食糧を送る船の梶師《かじとり》となったのであるが、不幸にも遭難死し、これを妻が傷《いた》んで歌ったものという。筑前国守であった山上臣憶良が、代わりに作ったものともいわれている。いずれにせよ、「年の八歳を待てど来まさず」というのは、遭難に原因した表現ではあるが、実のところ、このような事故も含めて、いつ帰り、帰れるかわからないような海人の生活ぶりが、この歌の基底には潜んでいたとみなければならない。

浦島子伝承や荒雄の妻の悲傷歌は、海人の男ないし夫の漂泊ぶりを伝え、これを待つ妻や家は、あたかも定住の生活を送っていたかのようにみうけられる。では、何らかの農耕生活が営まれていたのだろうか。たしかに、荒雄を送り出した志賀島の海人の一応の居住地は、『万葉集』巻十六の三八六三によると、「大浦田沼《おおうらたぬ》」とよばれている。しかし、「田」とはいうものの、稲作に適した地質であったとは考えにくい。(1)『万葉集』巻三の二七八にしたがう限り、「大浦田沼」周辺では、主として軍布《め》(ワカメ)や玉藻《たまも》を刈り、塩焼きなどをおこなっていたもようである。逆に、農耕を歌ったものはない。

同じ九州の鐘崎《かねさき》海女は、昭和に入っても、自分の家や村の内部では農耕をおこなわなかった。石見《いわみ》(島根県西部)や長門《ながと》(山口県西部)の海岸に数か所の根拠地をもち、年々そこを根拠とする潜水漁の出漁をおこなう一方、旧盆すぎから年末まで、付近の農家に半期奉公をして米を得、これをナタナゲと称していたという。(2)

鐘崎海女というのは、福岡県宗像郡玄海町鐘崎の海女のことである。古代においては、おそらく筑前国宗像郡海部《あまべ》郷に属していたのであろう。しかし、古代史料の中で、この海部郷そのものを伝えたものは、今のところ、十世紀前半に編纂された百科辞書である『和名抄』(『和名類聚抄』)以外には見出せない。それは、おそらく理由のあることであって、たてまえとはいえ、稲作定住生活をおくる班田農民を照準にして設けられた古代国家の行政単位のうち、この海部郷に関しては、ほとんどその効力を発揮していなかったことが原因しよう。

このような例は、まだほかにもある。同じ筑前国でいえば、怡土《いと》郡と那珂《なか》郡にそれぞれ海部郷が存在していた。また、糟屋郡には、やはり海人にかかわる阿曇《あずみ》郷が設けられていたが、いずれも『和名抄』以外に、その郷名が特筆され、郷自体が問題になることはなかった。これら北部九州の沿岸地域は、海人の活躍するところであったにもかかわらず、以上のような郷は郷としてあまり機能しなかったものと思われる。それは、古代国家の志向する理念にそぐわず、とりこまれることなく、国郡郷里の秩序と枠を超える海人の非農耕生活、ないし広範で長期(終生ともいえる)に及ぶ漂泊生活と文化に起因していよう。

阿波国(徳島県)那賀郡海部《かいふ》郷、土佐国(高知県)高岡郡海部郷、安芸国(広島県西部)安芸郡阿満《あま》郷、安芸国佐伯郡海《あま》郷なども例外ではなかった。これらの郷は、たしかに『和名抄』には記載されているが、それ以前に、とくに郷としての機能が注目された痕跡はみえにくい。

しかし逆に、『和名抄』で郷が記載されなくなったが、それ以前には郷ないし里のまとまりがあったところもある。たとえば、讃岐国(香川県)山田郡海《あま》郷、同国三野郡阿麻《あま》郷、伊予国(愛媛県）伊予郡川村郷海部里、同郡石井郷海部里、同国宇和郡海部郷などがそうであった。いずれにせよ、海部郷（里）の単位は流動的であり、それは海人の生活文化や国家行政との矛盾に起因せずにはいない。

## 三　人々の連帯

だからといって、海人の生活が無秩序であったり、まとまりがなかったというわけではない。『万葉集』巻七の一二五三と一二五四の二首は、白水郎《あま》を詠んだものであるが、夫婦が同じ舟に乗って、片方（おそらく夫）が潜水するという親密な関係をよく歌いこんでいる。また、はるか彼方に海人の釣り船を見ながら、筑後国守葛井連大成《ふじいおおなり》は、潜水して真珠を求めようとしているらしい海女の姿を歌っている。『万葉集』巻六の一〇〇三が、それである。おそらく、筑後国（福岡県南部）の沖で、釣り（潜水して突くこともある）をする夫と、潜水して真珠（鰒《あわび》）をとる妻との組み合わせが見て取れたのであろう。海人の生業は、何よりも男女や夫婦の緊密な組み合わせによって成り立つところが大であった。家船《いえぶね》は、この延長線上にある。また、豊後（大分県）と肥後（熊本県）の両国からは耽羅《たんら》鰒が加工され、貢上された。耽羅とは、朝鮮半島南辺の済州島を言うから、ここに共通の生業圏があったのかもしれない。

しかし、海人は、また、男だけの結びつきを生む。さきにみた糟屋郡志賀村の荒雄の渡海にしても、「われ、郡を異《こと》にすといへども、船を同じくすること日久し。志兄弟《はらから》よりも篤く、死に殉《したが》ふことありとも、あに復辟《またいな》びめや」（巻十六の三八六〇〜三八六九左注）と述べて、宗像郡の宗形部津麿の代わりをつとめたのである。平生、船を同じくして出漁などしていた二人にとって、ややもすれば生命をかけた相互の心と身体の結びつきは血縁を超え、古代国家が人為的に設定した郡域をも超えていたのである。

『万葉集』巻十六の三八六〇や三八六四は、「大君の遣《つかわ》さなくに情進《さかしら》に行きし荒雄」とか、「官《つかさ》こそさしてもやらめ情出《さかしら》に行きし荒雄」と歌っている。荒雄や津麿の受命が、いかに「大君」や「官」に由来しようとも、彼らの人間関係は、「大君」や「官」とは無縁のところにあって、いわば「情」で結ばれ、動かされていたのである。しかし、「大君」や「官」が、そのいわば「情」を大いにあてにしており、「情」も「大君」や「官」によく貢献する結果になったことは忘れるべきでない。

もっとも、この二人の関係をあまりに平等に考えてしまうのは、行き過ぎかもしれない。かなりの高齢であったらしい津麿を船主や網元のような存在とみ、それに雇われていた荒雄というような上下関係を想定することも可能である。しかし、そうであったとしても、郡や血縁を超え、「大君」や「官」とただちには結びつかない、彼ら独自の身体的とでもいえる関係が横たわっていたことは、何としても否定し切れないところである。

## 四　紀伊国の網引

しかし、このような関係は、本来的にみて、けっして大規模なものではないし、そのあり方も単純でなかった。奈良時代も末期のころ、紀伊国《きいのくに》（和歌山県）安諦《あて》郡吉備《きび》郷の紀臣馬養《きのおみうまかい》と、同じく海部《あま》郡浜中《はまなか》郷の中臣連《なかとみのむらじ》祖父麿《おじまろ》は、同国の日高郡の潮《みなと》（日高川河口か）に住む紀朝臣万侶《きのあそんまろ》に雇われて、網をもって魚をとることに従事していた。日本最古の仏教説話集として九世紀の初めに編纂された『日本霊異記』下の二五に伝えられるところである。昼夜をわかたず、網を引くことを強いられたという。ところが、宝亀六年（七七五）六月十六日、にわかに暴風雨となり、馬養と祖父麿は海に押し出され、木にすがりついていた彼らは、五、六日後に、淡路国（淡路島）の南西にある田町野の浦（三原郡か）の塩焼く人らのところへ流れつく。そして、釈迦仏を唱えたことで救命されたと説く『日本霊異記』は、苦役と殺生を厭う彼らのうち、祖父麿は淡路国の国分寺に入り、馬養は二か月後に妻子のもとへ戻ったが、さらに入山修法の道を歩んだと語りついでいる。

この説話は、多くのことを教えてくれる。海人としての紀臣（朝臣）氏の複雑なあり方や、河口での漁撈もつねに危険をともなっており、大海と直結していること、その救命策に桴《いかだ》づくりがあって、その指導は網元のような駆使者がおこなうこと等々である。しかし、ここでは次の点に注目したい。

まず、海人の生業は国郡郷里の秩序を超えていた。同じ紀伊国内ではあるが、それぞれ異なる郡郷から、さらに異なる郡郷へと集まったのである。安諦郡吉備郷も海部郡浜中郷も、実は元来、海人の密集する地域であった。必要に応じて、あるいは余儀なくされて、彼らは他所へある期間赴いたのである。

ところがさらに、吉備郷は、紀臣氏と吉備上道《かみつみち》臣氏とのかかわりにも起因しようか、吉備国の海人との交渉の軌跡をうかがわせる。また、漂着であったとはいえ、日高郡を含む紀伊国沿岸と淡路国三原郡との海人による往来をも推測させられる。紀伊国で海《あまの》神社がある那賀郡と、海部郷を持つ阿波国《あわのくに》の那賀郡とが、共通の郡名を分かち持つのも、けっして偶然ではあるまい。平安時代に至っても、紀伊国海部郡の賀多潜女《かたのかずきめ》と、阿波国那賀郡の潜女とが、ともに践祚大嘗祭の海産物（加工を含む）を供することになっていたが、これも、海を超えた海人文化の共通性を示唆して余りある。また、平安時代の和泉国（大阪府南部）大鳥郡の大鳥神社が、封戸を阿波国に、田畠を阿波国那賀郡平方島に所有していたのも、海人の生業圏にそもそもは由来していたものとみられる。これは、大鳥神社文書からよみとれるところである。

紀伊国日高郡の潮《みなと》に集まった海人は、馬養と祖父麿の二人だけではなかったかもしれない。彼らにまた率いられた海人や、紀伊国以外の上記のようなところから赴いた海人もいたかもしれないのである。それは、国郡郷里の秩序や血縁とは異なる身体的な結びつきを、たとえ一時的とはいえ生んでいったものと思われる。しかし、暴風雨でかろうじて助かった二人は、あるいはそれぞれの人は、つまるところ人間は一人であり、自分だけだということを強く感得したにちがいない。海人の生業は、身体的な強い連帯意識を醸成させる一方、個人のこの上ない不安と孤独を味わわせることにもなる。後者の場合、殺生の罪業感とも折り重なって、海人の仏教信仰を育てることになるのである。

## 五　内陸と沿岸の往来

『日本霊異記』下の三二も、興味深い。やはり奈良時代の末期のことであるが、大和国高市《たけち》郡波多《はた》里の呉原忌寸名妹丸《くれはらのいみきなにもまろ》は、幼年のころから網をつくって魚をとるのを業としていた。なんと彼は、紀ノ川（吉野川）を下って、紀伊国海部郡の伊波多岐《いわたき》島と淡路国との間で網をおろして漁撈をおこなっており、漁人は三舟に分かれて総数九人であったという。ところが、その最中に大風が起きて遭難し、八人は溺れ死に、妙見菩薩に祈願した名妹丸（「名は妹丸」という意味かもしれない）がただ一人、蚊田《かた》の浦浜の草上に打ち上げられて助かったと伝えられる。

一舟ごとにほぼ三人乗って出漁した九人は、少なくとも内陸の大和国高市郡などから紀淡海峡に赴いていた。紀伊国海部郡の可太《かた》郷を拠点にして、彼らは出漁したものと思われるが、この紀ノ川河口沿岸地域は、潜女を含めて海人の多く活動するところであり、珍しく海部という郡名をながくとどめた。六世紀中葉には、海部の屯倉《みやけ》が置かれて、海産物や塩などが集積され、しきりに大和の宮などへ送られていった。そのような海人の活動の主要な拠点になったために、海部郡が誕生し、ながく存続しえたのであろう。紀伊国の漁者《あま》が草馬《めうま》に贄《にえ》（海産物貢納品）を負わせて、おそらく紀ノ川沿いに大和国の今来《いまき》郡（のち高市郡）の地へ上っていたらしいさまが、『日本書紀』欽明七年（五四六）七月条からよくうかがえるのである。

呉原忌寸名妹丸が、大和国高市郡から紀伊国海部郡にまで出て漁撈活動をおこなったのも、海部屯倉やその贄の貢納による頻繁な往来と交渉の歴史に負っていよう。とりわけ、海部屯倉の設置と同時に、大和国高市郡の地に韓人大身狭《からひとおおむさ》屯倉と高麗人小身狭《こまひとおむさ》屯倉が置かれ、処々の韓人（百済系）と高句麗系の人びとが農耕をおこなう田部《たべ》として集められたというのは注目に値する。『日本書紀』欽明十七年十月条に伝えるところである。呉原忌寸氏は渡来系の氏族であるから、かつて高市郡の地の屯倉に田部として動員されていた可能性があろう。事実、『日本書紀』雄略十四年三月条によると、彼らは檜隈野《ひのくまの》（高市郡）に住んだとあり、今に明日香村栗原（呉原）の地名が残っている。

海部屯倉の設置は、いうまでもなく贄を納めさせるためであり、海人の活動を管理しつつ促すものであった。しかし、その海人の活動を保障するために、大和国高市郡の地の渡来人を田部とする屯倉がだきあわせで設けられ、その農産物が逆に海人に支給されたのではなかろうか。そこに、頻繁な交渉と往来が生じて、呉原忌寸名妹丸のような営為が出現したのではないかと思われる。

ただ、海人の痕跡が藤原宮跡出土木簡から明らかに知られる海部郡の某里に属する木本村《きのもと》では、天平十九年（七四七）の『大安寺《だいあんじ》伽藍縁起幷流記資財帳』によると、大規模な墾田開発が大安寺によってすすめられていた。おそらく、海人の生業にまつわる殺生観をテコにしながら、海人の農耕生活化と寺院財政の富裕化を促進したのであろう。

呉原忌寸名妹丸ら九人の漁人の中には、これら可太郷周辺の海人も加わっていたかもしれない。いずれにせよ、彼らの生業は、所与の国郡郷里の秩序を超えた舞台で展開されたのである。そして、説話を正確に読むかぎりでは、いわば夜釣《よづり》をおこなっていたらしい。

夜釣は、各海域でひろくおこなわれた。それは、『万葉集』で多く歌われており、「明石の浦に燭《とも》す火」（巻三の三二六）は、「漁父《あま》の燭火《ともしび》」として難波からよく見えたものらしい。また、「紀の国の雑賀《さいか》の浦」の「海人の燭火《ともしび》」（巻七の一一九四）、所在不明であるが「鱸《すずき》取る海人の燈火」

（巻十一の二七四四）、「能登の海に釣する海人の漁火《いざりび》」（巻十二の三一六九）、「志賀の白水郎の釣し燭せる漁火」（巻十二の三一七〇）、長門の浦（広島県安芸郡倉橋島、もと安芸郡阿満郷）付近の「漁《いざり》する海人の燈火」（巻十五の三六二三）、豊前国下毛《しもつみけ》郡の分間《わくま》の浦（周防灘沿岸）付近の「漁る火」（巻十五の三六四八）などが歌われた。さらに『万葉集』巻十五の三六五三は、「志賀《しか》の浦に漁《いざり》する海人《あま》 家人《いえびと》の待ち恋ふらむに明し釣る魚《うお》」と歌い、筑前国（福岡県北西部）志麻郡の韓亭《からとまり》からも、「海人の漁火」（巻十五の三六七二）がよく見えたようである。その範囲は、瀬戸内海を中心にして、北陸から北部九州にまで及ぶものであった。

さて、国を超え、郡郷里にしばられることなく集まって夜釣をおこなう海人は、一〇人未満を単位にするとはいえ、それとしての連帯感を持ちえたであろう。とくに網をおろし、引くとなると、漁人は一身にまとまらなければならない。しかし、ひとたび遭難すると、彼らは一人一人でしかなくて、全員のうち一人しか助からないということも珍しいことではなかったはずである。だからこそ逆に、そのつどそのつどの漁撈における結びつきには、天災をもってして以外、容易に解きほぐしがたいものがあったというべきかもしれない。

## 六　差異観と憧憬

しかし、彼らは、稲作の定住生活をたてまえにして成り立つ古代国家のもとで、京人や官人貴族からは、時に違和感をもって迎えられた。それを『万葉集』からみてみよう。巻五に載せられた「松浦川《まつらがわ》に遊ぶ序」は、山上憶良の作とも大伴旅人の作ともいわれているが、肥前国（壱岐・対馬を除く長崎県と佐賀県）松浦郡の玉島川（松浦湾に注ぐ）で魚を釣る女子らを見て、書き残したものである。まず、「僕《われ》問ひて曰く、誰《た》が郷《さと》、誰《た》が家が児らそ、若疑《けだし》神仙ならむかといふ」と述べて、そこに異郷の神仙境が想起されている。京《みやこ》に本拠をおく作者にとって、そこは、初めて見知る、中国の神仙文学でしか知らないような世界と生活がくりひろげられていたのである。あるいは逆に、そのような世界をここに見出したのだ。

ところが、魚を釣る女子ら自身が語ったことになってはいるが、「児らは漁夫《あま》の舎児《いえのこ》、草庵《くさのいおり》の微《いや》しき者《ひと》にして、郷も無く家も無し、何ぞ称《あ》げを云ふに足らぬ」と記すのは、ほかならぬ作者自身の想いである。作者は、海人の異郷的な雰囲気を、ある種の憧憬をもってながめ感じつつも、郷も家も名もない卑賤な者が海人であるという想いを隠し切ることはできなかった。この序に続いて、「漁《あさり》する海人《あま》の児《こ》どもと人はいへど　見るに知らえぬ良人《うまひと》の子と」（巻五の八五三）

という歌が収められているが、逆に言えば、「海人の児」は「良人の子」ではなかったのである。

たしかに、海人は、稲作をする人びとや官人貴族らとは異なり、不動の郷や家を持つことがなかった。あるいは、少なかった。彼らの家屋にしても、漂泊性に富む仮の廬《いおり》という感がつよく、また、その立地条件に整合する類のものでもあった。「難波の小江《おえ》に廬作り」と『万葉集』巻十六の三八八六は歌っているが、葦蟹《あしかに》のことに託しているとはいえ、ほかならぬ難波の海人のことである。

この廬は、しばしば苫《とま》をもって作った。『播磨国風土記』讃容《さよ》郡中川里条によると、神功皇后が新羅出兵の途次、淡路島の石屋《いわや》（明石海峡にのぞむ港）に船をとめて宿泊していたところ、暴風雨になった。そこで、苫編首《とまみのおびと》らの遠祖である大仲子《おおなかつこ》が、苫をもって屋をつくり、風雨をしのぐすべを教えたという。いかにも、浦や磯の苫屋に似つかわしい起源譚である。『宇津保物語』蔵開下や、『後撰和歌集』十六に「蜑《あま》の苫屋」が登場し、『源氏物語』明石では「渚のとまや」、『新古今和歌集』秋上では「浦の苫屋」がそれぞれみえている。このような海人の苫屋は、そのまま苫で屋根をふいた家船として、のちながく漂泊することになる。

このような苫屋は、国郡郷里の秩序をたてまえとして生活している人びとにとって、たしかに郷も家も名もない証しと映ったことであろう。いわんや、「その言語は俗人に異なり」とみられたり、それは「訕《さ》咙《ばめ》く（ざわざわとさわぎ立てる）」ものとも解されていた。『肥前国風土記』松浦郡値嘉《ちか》郷条や、『日本書紀』応神三年十一月条に伝えられるところであるが、聞きとりがたい、理解しがたい言語を話す海人たちもいたのである。また、『魏志』倭人伝や『日本書紀』履中元年四月丁酉条などから臆測される入れ墨の風習が海人にあったとすれば、それも、ある種の差異観を生じずにはいまい。

しかし、それでも、海人を制度としての身分差別に追い込むようなことはしていない。京の官人も、旅中における廬生活を必ずしも厭うものではなく、稲作生活においてさえ、班田農民は苫などを用いた田居《たい》を仮につくり、遠くへ耕作に出かけることも珍しくはなかったからである。言語も想像以上に多様な列島社会であった。

【注】

（1）日本古典文学大系『万葉集　四』（岩波書店　一九六二年）巻十六の三八六三の頭注

（2）桜田勝徳『海の宗教』（淡交社　一九七〇年）

# 白水郎の伝承と海の神

## 一　白水郎とは何か

九世紀の初めに成立した『新撰姓氏録《しんせんしょうじろく》』によると、摂津国に韓海部首《からのあまのおびと》氏が住んでいたという。この氏族のことは、古代史料上でもほとんど知られていないが、『日本書紀』仁賢六年是秋条は、難波玉作部鯽魚女《なにわのたますりべのふなめ》と韓白水郎暵《からまのはたけ》の婚姻譚を伝えている。韓海部首氏は、この韓白水郎暵の系譜を引く集団であったにちがいない。

白水郎は、『和名抄』も説くように、「阿万《あま》」つまり海人のことである。「韓白水郎」を、古くは「からま」と読ませるのも、「からあま」が約まったからである。しかし、なぜ白水郎という表現をとったのかには問題とすべき点があろう。

そもそも、白水郎という表記は、中国の六朝時代にさかのぼって見出すことができず、唐代詩や小説類に至って登場し始め、その使用は、むしろ日本のほうが古いのではないかとさえいわれている。しかし、中国の正式の記録に早くからみえなくても、会稽《かいけい》郡鄮《ぼう》県（浙江省《せっこうしょう》）の白水郷の郎（男）が、よく潜水して竜王の宝珠をとってくるという伝承（のち小説化する）や、そのような潜水の生活に直接触れた日本の遣唐使、とくに斉明五年（六五九）七月に出帆して一時、北路をとりながら、暴風などによって会稽県（郡）の地に至った第四次遣唐使などによって、中国南方の海人たちの生活や風俗が日本に報じられた可能性があるのではないかとみるむきもある。もし、そうであれば、それは文字や中国文献からとられたものではなく、実際に見聞して、パイシュイラン（báishuǐláng）という音を耳から聞いて、白水郎と表記したのではないかという見方が出てこよう(1)。

一方、八世紀から九世紀中葉にかけて、南島路や南路をとる遣唐使、もしくはその「新羅訳《お》語《さ》」（新羅人の通訳）が、中国南方の海人を白水郎と記し、翻訳して伝えたとか、大宝二年（七〇二）に出帆した第七次遣唐使に少録《しょうろく》（遣唐使のサカン。四等官制の第四等のうち）として加わった山上憶良が、その白水郎の用語活用に一役かったのではないかとも臆測されている(2)。

もとより、この特異な白水郎という表現が、一回的な契機によってつくられ、伝えられたと考える必要はない。数次にわたり、日本へもたらされ、あるいは日本で使用されたものと思われる。ただ、郎という言葉は、新羅においてもさかんに用いられているので、たしかに新羅人の翻訳に負うところがあるのか、新羅において白水郎という表記が、いち早く用いられていた可能性も無しとしない。しかし、私は、新羅における白水郎の用語を目下のところ見出しえていない。また、中国でも郎の用法はある。したがって、今いえることは、『日本書紀』が成立した養老四年（七二〇）までには、少なくとも日本で白水郎という表記が使われていたということである。

日本における白水郎の初期の用例は、『日本書紀』『豊後国風土記』『肥前国風土記』、そして『万葉集』にみられる。天平四年（七三二）以後に統一的に編纂されたといわれる西海道「風土記」に、集中して白水郎という表現が用いられているのは、いわれるように、かつて遣唐少録をつとめて帰国した山上憶良が、のち筑前国守となって、西海道「風土記」の編纂に影響を及ぼしたためかもしれない。[3] あるいは、また、霊亀二年（七一六）に遣唐副使に任命され、翌年に入唐した藤原朝臣馬養（宇合）が、帰国後、西海道節度使となり、さらに大宰帥に就任している。もし、彼が西海道「風土記」の完成に指導力を発揮したとすれば、白水郎の用法にも影響を及ぼした可能性があろうか。

一方、用例の多い『万葉集』では、白水郎の表記が西海道の海人に限って使われているわけではない。伊勢国（三重県）や近江国（滋賀県）、播磨国（兵庫県南西部）などに関しても、海人をもって白水郎と書いているのである。そのうえ、この白水郎に、たとえば生業上や民族上の特定の意味がこめられていたとも考えがたい。[4] すると、文学作品である『万葉集』の白水郎をもってしては、白水郎の本来的な語義を知るのに不適切だということになる。また、西海道「風土記」では、その成立が遅すぎる。そこでやはり、『日本書紀』の白水郎が問題になるのである。

『日本書紀』に登場する白水郎の用語は、不用意に用いられたのでもなければ、単なる修辞上の産物でもなさそうである。その『日本書紀』で白水郎が登場するのは、さきのほかには允恭十四年九月甲子条が唯一である。それによると、天皇が鹿などの狩猟をおこなうために淡路島に出かけたが、いっこうに獲物がない。そこで卜《うらな》ったところ、島の神が、赤石《あかし》の海の底にある真珠をとって祀ってくれるなら、獲物を授けようと告げた。これを聞いた天皇は、「処々の白水郎」を集めて潜水させたが、真珠をよくとる者はいなかった。ただ、男狭磯《おさし》という阿波国長邑《ながのむら》の海人が、「諸《もろもろ》の白水郎にすぐれ」ており、腰に縄をつけて海底に潜った。そして、海底の大鰒《おおあわび》の腹から真珠を得たものの、彼は、そのまま息絶えてしまい、その墓は今に伝えられているという。

ここにわずかに登場する白水郎は、海に潜る男の海人である。すでにみたように、阿波国那賀郡に属する潜女が、紀伊国海部郡の賀多潜女とともに、鰒などの海産物（加工品も含む）を践祚大嘗祭にながく供してきたのであるが、元来は、男もよく潜っていたのである。しかも、その潜る「処々の白水郎」は、少なくとも瀬戸内海東部、大阪湾、紀淡海峡、紀伊水道を生業圏とする海人らであったにちがいない。しかし、真珠をとる難しさもさることながら、ほとんどの男の海人が潜水採取に失敗しており、男で潜水する者、ないしそのような生業が衰退していったことをも暗示している。つまり、潜水が男から女へと役割をかえていったことを示唆してもいよう。そして、白水郎という表記は、『日本書紀』以後、潜水にかかわらない海人の代名詞として次第に流布していった。

## 二　石と玉の崇拝

ところが、問題はこれに尽きない。鰒の腹にある真珠をとって、これを崇めたり、これを神に供して祭祀し、果ては狩猟を加護することになるともいう。そこで想起されるのは、鹿児島県大隅半島の内ノ浦など九州南部で、しかるべき若い漁夫が毎年えらばれ、目かくしして海底の石を拾って来て、それを漁の神恵比寿《えびす》として崇め、豊漁を祈ることが、昭和に入ってもおこなわれていたということである。(5)

古代において、この淵源をなすような記録に遭遇することができる。たとえば、『日本三代実録』元慶元年（八七七）九月二十七日条は、出雲国からの報告を載せている。それによると、楯《たて》縫《ぬい》郡の白水郎である海部金麿《あまべのかねまろ》と海部里麿《あまべのさとまろ》が出漁中に、舟からおろした釣り網に石がかかった。その石たるや、木三株と草三茎をはやしており、色は各種で、かつ変化し、形も各様であったという。この石が、その後どのように扱われたかはわからないが、のちの恵比寿神の石のように、海人の間で祀られたのではなかろうか。しかも、この記録は、わざわざ白水郎と書いている。金麿と里麿は、別に水中に潜ったわけではないが、水中から稀少価値の石を採取した男の海人であったことにかわりないのである。

もとより、真珠と石はちがう。しかし、『播磨国風土記』揖保郡《いいぼ》神島《かみしま》条は、家島《いえしま》群島中の神島にあった石神について、次のように語っている。この石神は、仏像のような形をして、その顔にあたるところには五色の玉があり、胸にあたるところには五色の流れる涙があった。というのも、新羅からの使者が、航行中にこの島に寄り、「常ならぬ珍玉《うずたま》」と思って、そのひとつの瞳を掘ったので、神は涙を流し、怒って暴風を起こし、使者の船を打ち破ったのだという。

神島の石神は、海底から採取された稀少な石で、海人の生業や、船の航行を加護するものとみられていたらしい。しかも、この石神は、玉を内包していたのである。石と玉は、分かちがたい。『万葉集』巻六の九三三において、山部宿禰赤人が、「淡路の　野島《のしま》の海人《あま》の　海《わた》の底　奥《おき》つ海石《いくり》に　鰒珠《あわびだま》　さはに潜《かず》き出《で》　船並《ふねな》めて」と歌ったとおりである。海底の石に鰒珠である真珠がついており、それを海人が潜ってとるのであった。そして、「海人少女《あまおとめ》　玉を求むらし　沖つ波　恐《かしこ》き海に　船出《ふなで》せり見ゆ」（巻六の一〇〇三）と歌われたとおり、真珠はまた、玉とよばれたのである。

このような玉は、海神の保有するところであった。「海神《わたつみ》の手に纏《ま》き持てる玉」（巻七の一三〇一）、「海神の持てる白玉」（巻七の一三〇二）といわれている。そこで、玉を得ようとすれば、「海神の心」（巻七の一三〇三）をつかまなければならず、「千遍《ちたび》そ告《の》りし潜《かずき》する海人」（巻七の一三〇二）と歌われたように、潜水する前に何回も呪言をくり返したのである。

たしかに、近年まで、海女たちは潜水するときに、鰒を起こす鉄具で舷をたたいて、チュッ、チュッと鼠鳴きをし、恵比寿さまと唱えてから飛びこむのが通例であった。鼠鳴きに加えて、ツイヤショウジョウとか、ツイヤリュウグンサンと唱えることもあり、ノミを海水につけてまわりを祓い浄め、それからノミを額におし当てるなどの儀礼をともなうこともあった(6)。

もちろん、古代の海人に、恵比寿さまは無縁である。果たして、鼠鳴きをしたかどうかも明らかでない。しかし、海神の心のままにある玉を求めて、ながいながい何らかの呪言を唱えつづけたあと潜っていったことには間違いないのである。

この玉、そして玉と分かちがたい石は、古代において、さらにいくつかの様相を呈す。今それを「風土記」に拾うなら、まず肥前国神埼《かんざき》郡船帆《ふなほ》郷の三根川《みねがわ》の津（有明海）に、景行天皇の船の一団が参集したとき、沈石《いかり》を四つ残したという。この中の二つは、それを恭《いや》び祈禱することで婦女に子を授けるとされ、いま二つは、祈雨に効力を発揮すると伝えられた。必ずしも海人の生業に直接かかわるものではないかのようであるが、海底の石（この場合は沈石）を崇敬する海人の神観念に由来していることは明らかである。この地域も海人のよく生活するところであり、神埼郡から三根郡を分立させたのは、海部直鳥《あまのあたいとり》という海人の在地首長であったという。なお、祈雨に効力があるというのは、当該地の海人の農業民化を一部物語るものかもしれない。

お産にかかわる石のことは、ほかにも西海道「風土記」の各種逸文に散見する。伝承として細やかな点で相違があるものの、大同においては、神功皇后が新羅出兵の折、太子（応神天皇）の出産を、無事帰還するまで延ばしてくれるように願った二つの石がそれである。裙《も》の腰に石をさしはさんで、厭《まじな》いをしたというのである。

この石は、筑前国怡土《いと》郡の子饗《こう》の原（児饗野《こうの》）に伝えられた。『万葉集』巻五の八一三・八一四の題詞によると、怡土郡深江村の子負《こう》の原の海にのぞんだ丘の上の二つの石であるという。深江村は、のちの福岡県糸島郡二丈町の深江であり、唐津湾に面している。そして、『万葉集』は、この石を鶏卵《とりのこ》のようで、「径尺《けいしゃく》の璧《たま》」であると述べている。やはり神功皇后が新羅出兵の折、袖の中にさしはさんで鎮懐したというのだ。ただ、『古事記』では、神功皇后が石を裳の腰にまいたという。

すると、子を授ける石は、一方で、出産を必要に応じて延ばす石でもあったらしい。このことは、潜る海女も含めて、漂泊生活をおくる海人の婦女が、出産を願い、あるいはコントロールするために用いた石、あるいは生業の安全を託した石に由来するのではなかろうか。問題の怡土郡には海部郷があるのである。事実、『万葉集』巻五の八一三は、この石について、「海《わた》のそこ　沖つ深江の　海上《うなかみ》の　子負の原に　み手づから　置かし給ひて」と歌い、また、「真珠《またま》なす二つの石」とも述べており、真珠と石を混同する傾向が強い。

なお、この石に関して、さきの『万葉集』は、肥前国彼杵《そのき》郡の平敷《ひらしき》（長崎市の一部か）から、占いによって取ってきたという異説を伝えている。『肥前国風土記』彼杵郡条によると、大村湾をかこむこの地域は「具足玉《そないだま》の国」とよばれ、「石上《いそのかみ》の神の木蓮子玉《いたびだま》」と「白珠《しらたま》」と「美玉《うるわしきたま》」の三つの玉が景行天皇に貢上されたとある。少なくとも「白珠」は真珠にほかなるまいが、ここでも、玉と石の同一観念を見出すことができる。

また、『釈日本紀』十所収の「土佐国風土記」逸文は、神功皇后が吾川《あがわ》郡の玉島に船をとめたとき、鶏卵《とりのこ》のような白石を磯際《いそぎわ》で発見したと伝承する。それは、四方に光明が出ており、「是はわたつみ海神の賜へる白真珠《しらたま》なり」とされたという。これも、出産を願い、またコントロールする海人の婦女の石崇拝に遠由していようが、やはり石と玉（真珠）はだき合わせでとらえられていた。ちなみに玉島は、高知市長浜のそれであって、瀬戸湾内にあり、吾川郡から分立した高岡郡には海部郷が存在する。

さらに、佐嘉川《さかがわ》（有明海に注ぐ嘉瀬川）の川上に、世田姫《よたひめ》とよばれる石神がいたことを伝えるのは『肥前国風土記』佐嘉郡条である。それによると、海神（鰐魚《わに》）が毎年、川をさかのぼって石神のもとへ赴く。これにともない、海底の小魚も多くしたがってきて、この魚を崇敬すれば災いをさけることができ、逆に捕獲すれば死を招くというのである。この石神は、豊漁をもたらし、災いをしりぞける神とも思われるが、あるいは漁撈生活以外の、農耕など異なる生業に効力を発揮したのかもしれない。

## 三　海と山のサチ

ところで、『日本書紀』の白水郎伝承に語られたような、真珠と狩猟のかかわりを直接伝えたものは容易に見出しがたい。しかし、鹿と海のかかわりは深い。『日本書紀』応神十三年九月条の別伝は、鹿子《かこ》の水門《みなと》（加古川河口）の語源譚として、天皇が淡路島に遊猟中、日向の諸県君《もろあがたきみ》牛《うし》らが鹿に扮して、海を渡ってきたとする。天皇はこれを悦んで船の水手《かこ》とし、そこを鹿子水門と命名したという。

もちろん、ここには「かこ」という音をめぐる付会が著しい。しかし、鹿踊《ししおどり》という狩猟の呪術的舞踊がのちにも伝わるのみならず、『万葉集』巻十六の三八八五からも明らかなように、鹿は、同じく三八八六の難波の小江の葦蟹とともに、他者を祝福し活性化するものとみられ、ホカイヒト（乞食者）も鹿に扮して、コトホキ（寿詞）をおこなったらしい。(7)『日本書紀』顕宗即位前紀で、ムロホキ（室寿）として鹿舞のことが述べられているのも、新築の家屋と、それを専有する家長を祝福し、活性化しようとしたためにほかならない。

そして、このような意味を持つ鹿が、時に海を渡るともいわれている。『日本書紀』垂仁二年是歳条の別伝には、朝鮮半島の金官《きんかん》加羅《から》国《こく》から額に角をつけた人が船に乗って到来し、その地を角鹿《つぬが》（福井県敦賀市）と称したとある。これも、都怒我阿羅斯等《つぬがあらしと》とよぶ主人公の名に音をあわせて語源を説いた感がつよいが、少なくとも、角を負った動物（鹿に代表される）が、海を渡るという行動、そしてその行動をめぐる何らかの観念が存在していたことは間違いない。

事実、『播磨国風土記』餝磨《しかま》郡少川《おがわ》里条は、応神天皇の英馬野《あがまの》における狩猟譚につづけて、大きな牝鹿が海を泳いで伊《い》刀《と》島に渡った話を載せている。伊刀島は家島群島の総称で、航路に位置し、海人の去来するところでもあった。同じ『風土記』の揖保郡伊刀島条にも、類話がみえる。狩猟のとき、我馬野《あがまの》から出た牝鹿が、海を渡って伊刀島に至ったというのである。

これらは、おそらく、現実に海を渡る鹿の行動を参考にしたのであろう。しかし、鹿の舞踏も考慮すると、より根本的には、魚貝類や真珠に代表される海と、鹿に代表される山とのサチが競合して、それぞれ相手のサチの豊かなることを促し合い、つまるところは、この二つながらの充分なサチの獲得をもって、人間社会の安泰を祝福し、さらには活性化しようとする観念がそこにはあろう。この場合のサチとは、もちろん捕獲される具体的なものを指しているが、それ以外に

も、捕獲する道具、そして祥福や神秘的呪能そのものをも含むことがある。(8)

このような観念は、海のサチと山のサチのいわゆるサチ争いや、サチの交換をめぐる伝承や儀礼を生む。『常陸国風土記』多珂《たか》郡飽田《あきた》村条にみえるサチ争い、『日本書紀』や『古事記』に記録された、いわゆる海幸彦と山幸彦の神話、あるいは、山の大隅隼人《おおすみはやと》と海の阿多《あた》隼人との相撲などがあげられよう。また、『古事記』応神段や『日本書紀』垂仁二年是歳条所収の別伝にみえる、いわゆる天日槍《あめのひぼこ》伝承にも、牛と赤玉の交換がおこなわれ、その赤玉が美麗な童女と化して、海辺にある難波の比売許曾《ひめこそ》社（東生郡）と豊国《とよくに》の国前《くにさき》郡の比売許曾社（豊後国国埼郡）に渡ったというが、これも、海のサチと山ないし田のサチとの交換がひとつの要素に含まれていたとみることができる。さらに、カツオを釣るのに牛または鹿などの角を擬餌として用いる民俗も、このようなサチの交換と無縁ではあるまい。(9)

また、『日本書紀』応神五年八月壬寅条は、海人と山守部《やまもりべ》を定めたと記し、『古事記』応神段も、海部と山部や山守部を同時に設けたと伝えている。これは、海と山のサチの不可分な関係を、そして、サチをもって個々の家経営が重なり合う古代の大王権との関係をよく語りついでいるのである。

## 四　大阪湾周辺と大王権との交渉

難波の韓白水郎㠷、そして韓海部首氏は、まさに、以上のような文字どおり白水郎の生活と文化を本来的には担っていたものと思われる。ただ、韓というのは、たしかに朝鮮半島からの渡来系海人であることを想起させようが、白水郎としての文化圏は、少なくとも難波以西に広く及んでいたのであるから、韓ということをもって、難波の海人の特異性を指摘することはできず、むしろ難波以西、朝鮮半島、中国南方という広大な海人文化圏を起源論的には想定しておく必要があろう。

さらに、韓白水郎㠷が難波の玉作部の女と結婚したというのは、白水郎と玉との深いかかわりをよく物語っているものとして、あらためて注目に値する。しかし、㠷という名に留意すれば、彼ら難波の海人の一部が早くからハタ作中心の農耕生活と接触していたということであろう。それは、やがて稲作との関係にも及ぶ。事実、「住吉の岸を田に墾《は》り蒔きし稲」、と『万葉集』巻十の二二四四は歌っているのである。

しかし、大阪湾周辺で海人の生業が跡絶えたわけではまったくない。『万葉集』にも歌われたように、いわゆる夜釣りは盛んにおこなわれ、海女たちは海藻を採取して、沖に舟を出すこともあった。だが、そこには著しい傾向がみてとれる。

まず、古代の大王権の膝下にあって、よきにつけ、あしきにつけ、その王権の祝福と活性化を、あらたな段階と方法において、ひたすら試み、かつ強いられるようになる。『万葉集』巻十六の三八八六によると、難波の名産である葦蟹《あしかに》は、よく干され、舂《つ》かれて、おそらく和泉国陶邑《すえむら》で作られたであろう瓶に入れられ、塩をまぶして腊《きたい》（魚介類の内臓を出さないまま干物にした食品）として貢納され、王権を祝福した。また、難波には、四方から貢献の船が出入りし、その沖合では、「海人小舟　はららに浮きて　大御食《みけ》に　仕え奉ると　遠近《おちこち》に　漁《いざ》り釣りけり」という有様であった。この『万葉集』巻二十の四三六〇は、天平勝宝七年（七五五）ごろの難波をよく歌い込んでおり、天皇の食膳などに、多くの海産物を提供したのである。

事実、大阪湾周辺には、そのための禁漁区が設けられたほどであった。『日本書紀』持統三年（六八九）八月丙申条によると、河内国（のち和泉国に分離。大阪府南部）大鳥《おおとり》郡の高脚《たかし》海（高石市沿海）に準じて、摂津国（大阪府の一部と兵庫県の一部）の武庫《むこ》海（武庫川河口付近）などがそれに指定された。まさに、「大御食に仕え奉る」である。高脚海一帯では、チヌ（黒鯛）が供せられ、その海をチヌ（茅渟・珍努）の海とよんだ。

すると、大阪湾周辺の海人は、古代の大王権への隷属を強いられたということになろうか。たしかに、その一面は認めなければならないとしても、彼らもまた、積極的にその権力を担っており、その存在の不可欠性を誇示しようとする狡智をも正しく理解しておかなければならない。

応神天皇の死後、皇位継承が三年ほど定まらず、その間、海人たちは鮮魚の苞苴《おおにえ》を持って、菟《う》道稚郎子《じのわきいらつこ》のいる菟道宮《うじのみや》と、大鷦鷯尊《おおさざきのみこと》（のちの仁徳天皇）のいる難波宮とを行きつ戻りつしたという。『日本書紀』仁徳即位前紀や『古事記』に登場するこの伝承は、大王権と海人の贄との相互依存関係を如実に物語っているが、同時に、その贄をもって積極的に大王権へ近づこうとする海人の営為と狡智も忘れてはならない。

また、のちになると、淡路島の浜浦に他国の漁人ら三千余人が群集して、王臣家の庇護をかさに島民（海人を含む）を苦しめ、山林を伐り倒し、たちまち立ち去るということがくり返されたという。『続日本後紀』承和十一年（八四四）五月辛丑条に記録するところである。さらに、元慶七年（八八三）十月二十六日の太政官符《だいじょうかんぷ》（大政官から発給される下達文書）は、供御《くご》の権威をかりて、他の人びとに圧力を加える琵琶湖の漁人の存在をも伝えている。

一方、大阪湾周辺では、網を活用した漁法が主流を占めてくる。かつて、しばしば潜水した白水郎は、網引《あびき》となったのである。住吉の浜付近では、「白水郎、網・手綱《てつな》乾せり」という光景がよく見られた。『万葉集』巻六の九九九が歌うとおりである。

この網引は、『万葉集』でしばしば歌われた。「大宮の内まで聞ゆ網引すと　網子調ふる海人の呼び声」（巻三の二三八）を筆頭にして、「網引する難波壮士《おとこ》」（巻四の五七七）、「住吉の津守網引」（巻十一の二六四六）などがただちに目に入る。また、今日の泉大津市から貝塚市にかけての沿岸には、海産物を集積して、加工し、天皇の食膳に供するための網曳御厨《あびこのみくりや》も設けられていた。(10)

## 五　津守氏と宗像氏

住吉の神の祭祀を担当した津守連《つもりのむらじ》（宿禰）氏は、いうまでもなく摂津国住吉郡の郡司層でもあり、西成《にしなり》郡にもその勢力は及び、西成郡津守郷が存在していた。(11)そして、津守連（宿禰）氏は、「住吉の津守網引」と歌われたように、海人としての網引の文化圏に属している。住吉郡の大海《おおわたつみ》神社が、『延喜式』神名帳からみて、元来、津守連（宿禰）氏の氏神であったらしいことからも、そのことはうなずけよう。また、『住吉大社神代記』は、津守安必登《あひと》神を海神と号したといい、大鳥神社文書では、住吉郡の津守宿禰常世古《とこよこ》が、網曳の坂本臣利金《さかもとのおみとしかね》に嫁したといい伝えられていた。

ところが、住吉の神は、けっして漁撈の神ではない。玉や石の神化もみられない。それは、何よりも人為的につくり出された港津《こうしん》の神であり、『住吉大社神代記』が、その西の限りを「海棹《うみさお》の及ぶ限り」と記し、神功皇后の新羅出兵譚に多くを費やしていることからも明らかなように、古代の大王権の西進と朝鮮外交（軍事を含む）の守護神にほかならなかった(12)。
そして、津守連（宿禰）氏の具体的な活動の記録となると、『日本書紀』欽明四年（五四三）十一月甲午条をさかのぼることがない。六世紀前半の百済外交で初見するのである。津守連（宿禰）氏が、本格的に住吉神を奉じて西進するようになるのは、やはり、この六世紀をさかのぼるものではなく、いわゆる筑紫君磐井《つくしのきみいわい》の没落後、つまり、その乱の平定後、大王権が九州に進出しえたことに由来しよう。

これに対して、北部九州で宗像神を奉じる宗像氏には、本来の海人文化を残存させたところがある。『日本書紀』履中五年三月朔条が宗像神と大王権との係争を伝えているのも、宗像文化圏の維持をさぐりつづけた軌跡の一端とみられる。八世紀初めには、宗形（像）郡大領の宗像氏が長屋王家に水産加工物を送っている（同木簡）。

また、宗像郡の宗形部と糟屋郡の志賀島（志賀海神社がある）の白水郎が、つねに同船して、少なくとも対馬まで往来していたことは、すでに紹介しておいた。さらに、「ちはやぶる金の岬」と『万葉集』巻七の一二三〇で歌われた、宗像郡のおそらく海部郷に属するであろう金埼《かねのみさき》と、その海人たちを掌握していたのも、宗形君（朝臣）氏であった。大和国城上郡に勧請された宗像神社の修理費（労力も含む）には、ながく宗像氏配下にある金埼の海人と、彼らの生産・捕獲物とが当てられていた。そのうえ、『続日本紀』神護景雲元年（七六七）八月辛巳条によると、僧寿応《じゅおう》の誘導のもとで金埼の船瀬《ふなせ》をつくったのも、ほかならぬ宗像郡大領の宗形朝臣深津であった。「ちはやぶる金の岬」に、どうにか船瀬ができたのである。

さらに、宗像神と宗形君（朝臣）氏は、島郡や遠賀郡に及ぶ北部九州沿海域のみならず、周防灘に面する豊前国や、有明海に面する筑後・肥前両国の海人をもその影響下に置いていた。遠賀郡に属するかと思われる阿閉《あべ》島の吾瓮《あべ》海人（神功皇后摂政前紀）も、その傘下にあったかもしれない。また、宗像神社は、遠賀川口の芦屋から新宮浜に至る一〇里をこえる海辺に打ち上げられた難破船を、神社の修理材にあてていたこともあるという。[13] いずれも国郡郷里の秩序に拘束されてはいない。

海のサチと山のサチとの競合や、相互促進の文化もそこには見出せる。たとえば、宗像神社の西方に位置する志賀島の志賀海神社の境内には、一坪か一坪半ぐらいの、格子をはめられた堂のような形の鹿の角倉が一つ建っている。その中には、海に流した鹿角が拾われて奉納されているのだという。[14] まさに海を渡る鹿であって、「志賀」の音に付会しただけのことでは必ずしもなく、海のサチと山のサチの交換、サチ争いの文化に由来するのである。

この点、やはり海を渡る鹿の伝承をもつ家島群島の播磨国餝磨郡が、藤原宮跡出土木簡の「□《(志カ)》加麻評□」からもわかるように、「しかま」とよばれるのと関係しているのかもしれない。志賀海と餝磨は、存外によく通じて、「しかあま」が「しかま」に約まったのではないかと想像したくなるのである。

しかし、宗像氏は、何といっても、玉や石の神化という海人の文化や信仰をながく保ち、包摂してきた。今はなき『筑前国風土記』に、「胸肩の神体は玉である」と書かれていたもようであり、そのことは、鎌倉末期の『釈日本紀』七から、貝原益軒の『筑前国続風土記』十六へと、ながく語りつがれてきた。また、『宗像大菩薩御縁起』などに引く「西海道風土記」によると、宗像朝臣らは大海命《おおあまのみこと》の子孫であると説かれている。そして、宗像大神は埼門《さきと》山（金埼か）に天降って、青蕤《あおに》の玉を奥津宮の表《しるし》に置き、八尺蕤《やさかに》の紫玉を中津宮の表に置き、八咫《やた》の鏡を辺津《へつ》宮の表に置いて、それぞれ神体の形としたという。この伝承は、『筑前国続風土記』にもうけつがれている。

沖ノ島（奥津宮）祭祀遺物の中に、各種の玉製品があるのはもちろん、真珠も含まれていることは、あらためて海人の信仰と文化を確認させられるのである。しかし、海人の信仰と文化を考えることが、とりもなおさず山人のそれや農耕（稲作を含む）のそれを理解する結果になることも忘れてはならない。

たとえば、宗形君（朝臣）氏には、技術者が多い。『続日本紀』養老五年（七二一）正月甲戌条の詔では、胸形朝臣赤麻呂が解工《げこう》として褒賞されており、正倉院文書には、銅工として宗形石麻呂もみえる。『令義解《りょうのぎげ》』賦役令の諸国貢献物条は、胸形箭《むなかたや》なるものの貢献をとくに記しているが、これら技術者と胸形箭の生産には深いかかわりがあろう。なぜ胸形箭がつくられるようになったのかは定かでないが、これも、山のサチとの競合や交換の文化に起因して、騎射や狩猟のときに用いるべく、神意を得て箭（鳴鏑）がとくに作られたのではなかろうか。潜水のときに用いる鉄具などの生産と重なり合い、かつ交換がおこなわれたことも考えておいてよい。

いずれに、宗像の海人文化は、海の生業を基軸にして、他の生業との幅広いネットワークを形成していたのである。

【注】

（1）小島憲之『上代日本文学と中国文学 中』（塙書房 一九六四年）

（2）鴻巣隼雄「古代『白水郎』表記の伝来と中国縁起」（『文学・語学』44 一九六七年）

同「わが国における古代白水郎の研究——主として中国白水郎の巫祝的生態に関する試論——」（『国語と国文学』44—8 一九六七年）

（3）前掲注（2）『国語と国文学』44—8

（4）前掲注（2）『文学・語学』44

（5）宮本常一『海に生きる人びと』（未来社 一九六四年）、桜田勝徳『海の宗教』（淡交社 一九七〇年）

（6）前掲注（5）桜田勝徳著

（7）林屋辰三郎『中世芸能史の研究』（岩波書店　一九六〇年）
（8）松村武雄『日本神話の研究　三』（培風館　一九五五年）
（9）前掲注（5）宮本常一著
（10）井上薫「和泉離宮と網曳御厨」（『大阪府の歴史　一』一九七一年）
（11）吉田晶「地域史からみた古代難波」（『難波宮と日本古代国家』塙書房　一九七七年）
（12）岡田精司「古代の難波と住吉の神」（『日本古代の政治と制度』続群書類従完成会　一九八五年）
（13）前掲注（5）桜田勝徳著
（14）前掲注（5）桜田勝徳著

【補注】

本章は、上田正昭編『住吉と宗像の神』（筑摩書房　一九八八年）に収録された「海の民」を抄出して、改筆したものである。

# 四章　狩猟と戦いの作法

# 隼人制圧と物部氏

## 一　最後の隼人制圧戦

あたらしい律令行政の中に南部九州を取り込もうとした中央政府は、大宝二年（七〇二）、隼人制圧戦をおこした。この戦いは、断続的に約二十年間続いた。その間、和銅六年（七一三）には、大隅《おおすみ》（鹿児島県東部）建国（日向国の四郡を割く）をめぐる武力抗争がおこり、一二八〇余人にも及ぶ授勲者を出している。この終結に向けて、豊前国（福岡県東部及び大分県北部）の民二〇〇戸（四里分、三〇〇〇から四〇〇〇人くらいか）を隼人の地に移住させているから、豊前国からも多くの将兵が参加し、かつ授勲にあずかる者も少なくなかったであろう。また、のち、大隅国桑原郡には大分郷と豊国《とよくに》郷が設けられており、やはり豊後国（大分県）大分郡や豊国（この場合は豊前国にかかわるか）の地からの移住や参戦があったものとみられる。日向国造の祖などといわれる豊国別《とよくにわけの》皇子《みこ》も、このような隼人制圧のうごきを表象するものであろう。

　これ以後、養老四年（七二〇）に最後の隼人制圧戦がおこった。それは、律令行政を強行する大隅国守陽侯史麻呂《やこのふひとまろ》を隼人勢力が殺害した事件に端を発したものであり、終結後に、また授勲もおこなわれた。この授勲にあずかった可能性が指摘されている兵士は、大隅隼人の始羅《あひら》郡少領（勲七等）（『続日本紀』天平元年〔七二九〕七月辛亥条）、薩摩国（鹿児島県西部）薩摩郡少領（勲八等）・主帳（勲十二等と十等）、薩摩国阿多《あた》郡少領（勲十等）・主政（勲十等）、薩摩国出水《いづみ》郡大領（勲七等）・少領（勲七等）・主政（勲十等）（以上、天平八年の薩摩国正税帳）、そして豊後国日田郡大領（勲九等）・少領（勲十等）・主帳（勲十等）、豊後国球珠《くす》郡領（勲九等）・主帳（勲十等）（以上、天平九年の豊後国正税帳）らであった。

　なお、豊後国目・正七位下勲九等河内連入鹿《かわちのむらじいるか》、長門国史生《ししょう》・大初位下《だいそい》勲十等阿部朝臣牛養《あべのあそんうしかい》、大隅国守・正七位下勲十二等大伴宿禰国人《くにひと》（以上、天平十年の『周防国正税帳』）らも、一応は考慮の対象になろうか。

　この養老四年の最後の隼人制圧戦については、いくつか注目すべき点がある。第一は、授勲および勲等のありかたである。残存資料に偏重があって、公正な判断に欠けるきらいがあるが、とにかく知りうる限りでは、薩摩国の郡司が多く隼人制圧戦に参加して、授勲されている。一方、大隅国に関しては、大隅隼人である始羅郡司の突出した活躍が注目される。勲等のレベルでみても、始羅郡の少領は薩摩国出水郡の大・少領のそれ（勲七等）と等しく群を抜いており、両郡の郡司に率いられた兵士の奮闘ぶりと戦功は想像に難くない。

右の断片的な事実は、以下のような脈絡を示唆していよう。まず、大宝二年の薩摩隼人制圧を画期として、隼人制圧の矛先は大隅（もと日向）の地に向かい、薩摩隼人らは多く政府軍に協力の立場をとったこと。ついで、海路を利用しながら筑後国・肥後国を経て、薩摩国出水郡の将兵らを先導にあてる政府軍と、豊後国（日田・球珠両郡が知られているが、地理的には筑後国・肥後国に近い）・日向国を経て南下する政府軍のうごきを想定することができる。この間、ふたつの政府軍が別途に進んだのか、どこかで合流したのかは定かでない。しかし、最終的には、始羅郡の政府側隼人を先兵として進攻したものと考えられる。そのめざすところは、大隅国贈於郡（のちの菱刈・桑原二郡を含む）の地をおいてほかになく、逆に、この地の将兵の授勲が知られていないのは果たして偶然であろうか。隼人らが国守殺害事件をおこした大隅国府も、この広義の贈於郡に位置しており、あたかもこの国府をはさみ撃つか、国府に直進するかのように政府軍はすすんだものとみられる。

第二は、豊前国とのかかわりである。『八幡宇佐宮託宣集』五・一六、『政事要略』二三、『三宝絵詞』下などによると、豊前国ないし八幡にかかわる人々の参軍が執拗に伝承されている。その主なものは、(1)豊前国守正六位上宇奴首《うののおびと》男人《おひと》が八幡神を奉じて参軍した。(2)豊前国掾《じょう》従六位下藤井連毛人《ふじいのむらじえみし》もこれに参与した。(3)八幡の禰宜辛島勝《からしまのすぐり》波豆米《はづめ》が神軍を直接率いてすすみ、勲十等を授けられた。そして、(4)征隼人の滅罪と懺悔のために、魚介類をもってする八幡宮の放生会《ほうじょうえ》がはじまったことなどである。

これらは伝承であるが、その根拠については、充分検討に値するものと思われる。

まず、(2)の藤井連毛人は、『続日本紀』神亀三年（七二六）正月庚子条において、正六位上から従五位下にすすんだことが知られる実在の人物であった。一方、「託宣集」では従六位下となっており、養老年間に従六位下で、神亀三年以前に正六位上であったというのはいささか不可解である。しかし、正六位上から従五位下にすすんだ時、養老四年の征隼人副将軍であった笠朝臣《かさのあそん》御室《みむろ》と巨勢朝臣真人《まひと》がそろってやはり進階にあずかっており、藤井（葛井）連毛人の場合も、あるいは彼らに連動するところがあったのではないかと思われる。すると、藤井連毛人の参戦と奮闘ぶりは、やはり事実であった可能性が高く、少なくとも隼人制圧との何らかの関係を認めざるを得ないのである。

ついで、(1)の宇奴首男人は、『古葉略類聚鈔』所引の「姓氏録」逸文にも正六位上とあって、「託宣集」の記述とよく符号する。一方、『万葉集』六の九五九には彼の歌が残されている。神亀五年十一月、香椎廟（宮）を拝した大宰官人らとともに豊前守として彼も登場するのであるが、むしろ離任にあたって、男人を送る意味もこめて大宰帥大伴宿禰旅人・大弐小野朝臣老らが参詣したものと思われる。なぜなら、男人は「行き帰り、常にわが見し香椎潟、明日ゆ後には見む縁《よし》も無し」と歌っているからである。

ところが、神亀五年まで彼が豊前国守をつとめていたとすれば、隼人制圧の養老四年から八年に及ぶ在任期間が想定されて、その長さが彼と隼人制圧とのかかわりに疑問をなげかける有力な根拠になっている。しかし、慶雲《けいうん》三年(七〇六)から養老四年に至る十四年間、美濃国守をつとめた笠朝臣麻呂(再任も含む)の例もあるから、(1)八年の長さをもってただその事実を否定することもできない。だが、長いことにはかわりないので、美濃不破関の整備や吉蘇路の開通などを断行した笠朝臣麻呂には及ばなくても、それに准じる何らかの事業をおこなうことが、宇奴首男人のいささか長きにわたる国守在任の要件であったはずである。

男人のさきの万葉歌は、右の憶測と矛盾するものではない。まず、豊前国府と大宰府あるいは京との往還が相当に頻繁かつ長きにわたったらしいことがうかがえる。また、香椎廟への並々ならない関心があったようであり、この点は八幡とのかかわりで理解することができよう。

そもそも、『続日本紀』において八幡と香椎宮が初めて登場するのは同時であり、ともに奉幣をうけ、新羅の無礼の状を告げられている(天平九年四月乙巳条)。さらに、神亀二年には八幡が菱形《ひしがた》小椋山《おぐらやま》に定坐したと広く伝えられている(後述の『承和縁起』『託宣集』など)。いずれも、宇奴首男人の豊前国守在任中のことであったり、そのことと深いかかわりがあるので、男人の長きにわたる豊前国守在任は、香椎廟への深い関心と関与、隼人制圧、香椎廟の存在をも踏まえた八幡祭祀の確立というような一連の事業を遂行する必要性と、逆に期待とから生じてきたものと考えてとくに支障はあるまい。おそらく、豊前国掾藤井連毛人も、ある段階でこれらの事業に加わっていたとみてよかろう。

(3)の辛島勝波豆米は、隼人制圧に参軍したことが具体的に伝えられる稀少な人物（像）である。勲十等というのも、その勲等として多くみられるものであるから、とくに否定すべき理由はない。しかし、彼（あるいは彼女）の伝承に曖昧かつ不可解なところがあるのは事実である。たとえば、承和《じょうわ》十一年（八四四）の成立と伝えられる『宇佐八幡宮弥勒寺建立縁起』によると、祖の辛島勝乙日《おとひ》は、およそ欽明朝から崇峻朝にかけての人物とされ、鷹居社《たかいしゃ》の祭祀にかかわる。そして、乙日を祝《はふり》とし、辛島勝意布売《おふめ》を禰宜とするという（一説に、乙日を禰宜、辛島豊《とよ》民《たみ》を祝）。ついで、天智朝に小山田社への移坐があり、辛島勝波豆米がその禰宜となるが、いずれも宮柱を立てて祀るとともに、託宣をおこなったという。ところが、この波豆米は、養老四年の隼人制圧を経て神亀二年の菱形小椋山移坐や弥勒足禅院（弥勒寺）の創建期まで少なくとも生存していたように伝えられる。これは、事実としてはやや考えにくいところである。

一方、「託宣集」によると、やはり鷹居瀬社《たかいせしゃ》の祭祀にかかわる人物として、祝の辛島勝乙目《おとめ》、禰宜の辛島勝意布売らが伝えられる。先の乙日は、この乙目にあたるのであろう。ただし、その時期となると、大宝元年以前のこととしたり、敏達朝以来のこととしたり、和銅年間のこととしたりで、一向に定まらない。ついで、霊亀二年（七一六）の小山田社移坐にあたって禰宜の辛島勝波豆米が登場し、隼人制圧へと及ぶことになっている。波豆米の生存期間としてはとくに矛盾はないが、それ以前のことはかなり混乱していると言えよう。

　このように、辛島勝波豆米とその系譜にはかなり不確定なところがある。しかし、鷹居（瀬）社から小山田社・菱形小椋山社への移坐にともない、辛島勝乙目（日）と意布売から波豆米へと禰宜（ないし祝）がうつりかわったという基本的な脈絡はむしろ確定的である。この中で、より後次的な波豆米の存在は、一応その信憑性が高いのではないかと思われる。

　なかでも、辛島勝《すぐり》氏がとりわけ隼人制圧の伝承を語りつぎ、その主役に波豆米を位置付けていたことは注目される。なぜなら、まず、承和十一年のさきの縁起は辛島勝氏の伝承をもとに記されたものであり、逆に、弘仁年間（八一〇～八二四）の八幡神主たる大神朝臣清麿《おおがのあそんきよまろ》らの解状《げじょう》（上級の役所へ出された文書）には、隼人制圧のことが何ら語られていないという著しい差異が認められるからである（『東大寺要録』四の弘仁十二年八月十五日付太政官符）。

　また、『三宝絵詞』下の八幡放生会では、わざわざ「辛島の勝氏がたてまつれる古記」を引いて、禰宜辛島勝波豆米の征隼人参軍が特筆されている。この『三宝絵詞』と八幡との間に格別の関係はないから、むしろ客観的かつ一般的な認識として評価されてよい。なお、白村江の戦いに加わり、捕虜の経験をもつ韓島勝娑婆《からしまのすぐりさば》がおり（天智紀十年十一月癸卯条）、豊前国宇佐郡に辛島郷があることは言うまでもない。すなわち、辛島勝氏が宇佐郡の地の在住者であり、戦闘経験をもつものであったことはやはり無視できないのである。つまるところ、辛島勝波豆米の征隼人参軍の事実をくつがえす有力な根拠は見出しがたい。

最後の(4)の放生会とのかかわりは、また後に述べるが、とにかく九世紀前半を遡らない伝承であろうといわれており、(2)これは一応傾聴に値しよう。

およそ以上のことからして、養老四年の隼人制圧に豊前国の関与があり、それが八幡神の確立や成長を促す結果となったとみて大過あるまい。国守や掾の進軍が実際にみられたかどうかは別としても、大宰府や豊前国府の指揮下において、少なくとも辛島勝氏の部隊が参戦し、勲功をあげたことは事実に近いであろう。そして、授勲が波豆米ひとりに限られたとも思えない。

## 二　隼人と南部九州の狩猟文化

ところが、この授勲を生み出し、促す戦争そのものについて、養老四年の隼人制圧問題は有益な示唆を与えてくれよう。それはまた、先に述べた放生会にもかかわってくる問題である。

実は、養老四年にはじまった隼人制圧の終息段階で、放生に関する詔《みことのり》が出されている（『続日本紀』養老五年七月庚午条)。八幡宮では魚介類の放生会が、全国では禽獣の放生がおこなわれたという。斬首・捕虜あわせて一四〇〇余人といわれる隼人制圧戦の終結化(『続日本紀』養老五年七月壬子条)と、なお大宰府での戦後処理が続く(『類聚国史』一七三・養老五年七月庚午条)最中での放生詔であることを考えるなら、隼人制圧とこの放生には深いかかわりがあったとみるべきである。そして、八幡宮放生会起源譚も、まったくの虚構ではなく、おそらく養老五年の放生詔がなければ生じようのないものであったろう。

養老五年の放生詔は、儒教の仁愛や仏教の殺生禁断にもとづき、放鷹司《ほうようし》(3)の鷹・狗《いぬ》、大膳職《だいぜんしき》の鸕鷀《う》、諸国の雞《にわとり》・猪《いのしし》などを放ち、その性《しょう》を遂げさせるというものであった。これを文字どおり読めば、儒教と仏教の理念の単なる遂行にすぎないが、のち、やはり大宰管内(大宰府が統轄する九州地域)でおきた藤原朝臣広嗣《ひろつぐ》の乱の直後、その処罪が断行されたすぐあとの天平十三年二月に、馬牛の屠殺禁止令と国郡司による私的な狩猟行為の禁止令とが出されていること(『続日本紀』天平十三年二月戊午条詔など)をあわせ考えるなら、これら一連の殺生禁止(放生)と戦争とのかかわり、もっと言えば、これらの殺生禁止の表明から逆に知られる戦争観およびその方法というものを想起せずにはいられない。

養老五年の放生詔の場合、放たれるものがすべて鳥獣類であることに特徴がある。もっとも、鸕鷀は魚を捕り、鷹・狗は鳥獣類を捕るのであるから、この放生には広くこれらの生物が含まれていた可能性があり、鷹の日常的なエサ、とくに夏飼《なつがい》のそれも放生の最たるものとされていた（『今昔物語』一九の四・八など）。しかし、これら捕獲する生物、捕獲される生物、日常的なエサとしての生物を通じて、そのほとんどが鳥獣類であったことにかわりはなく、いわゆる狩猟の範囲内におさまるものでほぼ占められていたのである。

そこでまず指摘しておかなければならないのは、隼人の狩猟文化についてである。第一に、大隅国菱刈郡羽野《はの》郷、大隅国姶羅郡野裏《のうら》郷・串占《くしら》（伎）郷・鹿屋《かや》郷、大隅国肝属《きもつき》郡鷹屋《たかや》郷・鴈（鴈）麻郷、薩摩国阿多郡鷹屋郷と表記されるような、狩猟にかかわる郷名が「和名抄」に散見する。これらは、大隅国にほとんど集中している点が特徴である。

もっともこのうち、『大隅国風土記』逸文は、串卜郷のことを隼人の俗語「久西良《くしら》」にもとづくものとし、髪梳《くしら》神にかかわる髪梳村と本来は言いあらわすべきだと説いている（狩猟とのかかわりは後述する）。また、『薩摩国風土記』逸文は、阿多郡鷹屋郷のことを竹屋村とする。たしかに、隼人の俗語としての指摘や、隼人の竹器製作(4)、南九州の竹の豊富さ(5)などを考えると、うなずける所説のように思われる。しかし、「和名抄」の表記をまったく無視するわけにはいかず、そもそも「風土記」逸文の成立もかなり後次的なものが含まれていると思われるから、その編作者の依って立つ文化がどのようなものであったのかも問題であろう。

第二に、右の地名にも関連して、さきの「託宣集」一六の伝承が留意される。すなわち、隼人らが「肝尽而死之所《きもつきてしせるのところ》」を肝尽（付）といい、隼人らの頭を取って「差串給之所《くしにさしたまうのところ》」を串良《くしら》といい、これを大菩薩（八幡）が見て、「咲給之所《わらい》」を咲隅といったというのである。これは、いかにも他愛ない語呂合せのようであり、また寒けを催すような残虐行為のようでもあるが、けっして単なる伝承として見すごすべきではないと考える。なぜなら、山の神に狩猟捕獲物を供える儀礼にきわめてよく似た言説だからである。それは、捕獲した猪・鹿などの内臓を解体・切断して串に刺し、これをかかげて山の神に供えるというものであった。『日本霊異記』中の四〇が、「鷹鳥獦《たかがり》」で得た狐の子を「木をもって串に刺し、その穴の戸に立つ（木で串刺しにして、狐の穴の出入口に立てる）」というのも、これに関連する一形態であろう。また、この串刺しをもって、次の狩場を占うこともしたという。さらに、ヲコゼや男根をみせて、山の神を笑わせることもおこなわれたのである。(6)

このような儀礼は日本列島に広く分布するが、九州ひいては南九州によく残存していた。たとえば、鹿児島県肝属郡志布志《しぶし》町の某所では、初矢の祝で猪・鹿のフクマル（心臓）などを山の神に供え、頭は初矢の者がとる。フクマルは十二に切って、六つずつ串に刺して、その後、初矢をした者の母・妻に食べさせる。また、猪を一〇〇頭とれば、一〇〇頭の山の神というものを立てるのだともいう。ついで、宮崎県西都市の某所では、獲物を解体して、オチヤカリンド（落合い狩人）に肉一切れずつを串に刺して与えたり、マル（心臓）を七つに切って七コウザキ（狩の守護神）に供え、フク（肺）は仲間が串に刺して焼いて食べる（コウザキマツリ）。頭を切って奉納することもあるが、コウザキサマへの供えでは、七尺の高い竿に串刺しに肉を立ててあげるものだという(7)。

柳田国男の『後狩詞記《のちのかりことばのき》』で名高い宮崎県椎葉《しいば》山一帯でも、山の神祭・コーザキ祭がおこなわれた。猪・鹿の心臓の先を七つに切り、また背の脂肪のところを七切れにして串に刺し、供える。このコーザキは古犬の霊である。心臓はマメという(8)。

このような儀礼と民俗は、九州においても鹿児島・宮崎両県にのみ集中していたわけではなかった。たとえば、大分県の南海部《みなみあまべ》郡宇目《うめ》村、大野郡長谷川村、大野郡野津川町、西国東郡香々地《かがち》町、下毛《しもげ》郡山国町、玖珠《くす》郡九重町、日田郡中津江村などの各所例が、まずもってまとめて紹介されたのである。これらでも、キモなどが木の枝や串に刺されて供えられ、あるいは、一のヤ（矢）の者が頭をとったりしたが、この場合のキモとは主として心臓をいうようである(9)。

もちろん、キモとは多く肝臓をさして、隼人の地でもそれは同様であるが、時に、心臓をキモとも呼ぶことがあった。しかし、肝臓としてのキモは食用として好まれ、薬としても珍重され、このキモを供える儀礼がマル（心臓）を供える儀礼や毛・爪・耳・尻尾などを供える儀礼よりも先行して、むしろ本源的なものではなかったかといわれている(10)。

したがって、「託宣集」の語る先の地名起源譚は、狩猟文化圏の儀礼と民俗を踏まえて初めて理解できるものであり、逆に、その文化をよく言いあらわしたものであったとみなければならない。串占（卜）（伎）郷にしても、キモなどを串に刺したり、それで占ったり、串の木そのものに由来する命名か、そのような意味が「和名抄」以前にすでに付帯していたかということになる。

第三に、南九州の狩猟文化の痕跡としては、柴祭《しばまつり》、シシトギリ神楽、山ン神講の講狩《こうがい》（神狩）などの儀礼習俗が指摘されている。これらは、稲作文化の展開によって大きくその分布が変形させられているが、日向・大隅・薩摩の各国に広く及んでいる。なかでも、大隅国から日向国にかけてその軌跡が著しい(11)。

第四に、古代の文字資料からも若干うかがえることがある。すでに指摘のとおり(12)、『日本書紀』持統三年正月壬戌条によると、筑紫大宰《だざい》粟田《あわたの》真《ま》人《ひと》朝臣《あそん》等は隼人一七四人らとともに、牛皮六枚・鹿皮五〇枚を献上した。このうち、鹿皮が圧倒的に多いが、日向の諸県《もろあがたの》君《きみ》牛《うし》らが着したという角のある鹿皮伝承（応神紀十三年条一云）からしても、これは隼人らの生業に由来するものであろう。たしかに、天平八年の薩摩国正税帳によれば、高城郡から兵器や筆の材料として鹿皮が大宰府に運ばれているのである。また、高城とは、鳥や猪などを捕る狩猟場の呼称でもあった（神武記・紀、仁徳記など）。一方、薩摩郡では死馬皮をもってする交易の例も知られており（正税帳）、和銅末年の平城宮木簡「日向国牛皮四枚」の存在も参考として留意しておきたい(13)。

しかし、とにかく鹿皮が多く、鹿への関心が高いとなると、そこに当然、狩猟文化が想定される。また、その限りにおいて、馬を駆使する兵や狩猟などの活動も注目されよう。たしかに、『新撰姓氏録』左京神別下の額田部湯坐《ゆえ》連条は、薩摩国の隼人から馬を得たことを伝え、「日向の駒」が広くたたえられもしたのである（推古紀二十年正月丁亥条）。一方、『肥前国風土記』松浦郡値《ち》嘉《か》郷においては、「恒好騎射《うまゆみ》」（つねに騎射を好む）ところの隼人の生業が示唆されている。この生業に関して言えば、「出騎猟之児、於兵為要（騎猟の児を出《いだ》し、兵において要たり）」といわれた豊後国大野・直入両郡の「弓馬」にたけた人々のそれに近い（『類聚三代格』一八の天長三年十一月三日付太政官符）。この大野・直入両郡の地は、既に述べたように、狩猟の儀礼・民俗がよく残存したところでもあって、事実、『豊後国風土記』は当該地における田獦《かり》と獦人《かりびと》の存在を伝え、かつ一方で、彼らをことさらに土蜘蛛《つちぐも》と称して異視したのである。また、彼らは強い兵力としても期待され、逆におそれられもしたのであって、藤原朝臣広嗣の乱において対戦同士の先兵に隼人が配されたのもその好例というべきである。

第五に、隼人という命名とその表記も注意してよい。ふつう、「隼人」と言いあらわしているが、『続日本紀』でわずかに二例だけ「隼賊《しゅんぞく》」と表現したところがある。それは、隼人制圧の軍士らに授勲のことを告げた和銅六年七月丙寅条詔と、養老四年の隼人制圧に関する養老七年四月壬寅条大宰府言とにおいてであって、いずれも大隅隼人制圧の段階に集中する。そして、「隼人」

と「隼賊」というふたつの呼称の表記からして、とにかく「隼」という言葉や文字の優先的な位置と何らかの含意を知らされるのである。

隼人は「早人」（ハヤヒト）と訓まれている（『万葉集』十一の二四九七）。一方また、隼総別（応神紀二年三月壬子条）、速総別（応神記）、隼別（仁徳紀四十年二月条）などの例からすると、隼は「ハヤ」（速）でもあり、「ハヤブサ」でもあったことになる。しかし、とにかく「ハヤ」が優先するとみてよい。

右の語義については、これまで多くの見解が出されてきた。[14] しかし、やはり大切なのは鳥としてのありかたであろう。それは、『日本書紀』仁徳四十年二月条と『古事記』仁徳段に集約的に示されている。すなわち、(1) 隼は、雌鳥（女鳥）に対する雄の鳥であること。(2) 隼は、鷦鷯《さざき》・雀（仁徳天皇の記号）と争い、それを捕りうること。(3) その捕獲（勝利）にあたっては、天高く飛び、速いことなどが特筆されるのである。のち『今昔物語』一九の八が「疾気《とげ》ナル事、隼ノ如シ」と述べたとおりであり、「疾気」とは「早気《はやげ》」に呼応して、とにかく素早い（とげ）というほどの意味である。

この記紀の周辺記事には、鳥にかかわる狩猟伝承がちりばめられている。なかでも、『日本書紀』における鷹（倶知《くち》）狩りとの対比は留意され、飼育できなかった隼と、飼いならすことのできた鷹との好対照が浮きぼりになってくる。言いかえれば、鷹狩りを含む狩猟文化と大王権との融合過程において、あるいは大王権の中に狩猟文化が巧妙に儀礼化しながら取りこまれていく過程の中で、なお強力にその融合化や囲い込みを拒否して、そのあらたにつくられていく文化圏との妥協を許さず、逆にその文化圏をおびやかし、おそれさせる狩猟文化の固有性を隼によって記号化しようとしたものと推考できるのである。それは、平板で単一的な中華思想のあらわれとみるのではなく、(15)文化の複合的な過程としての様態からダイナミックに考えるべき問題であろう。

## 三 狩猟と戦いの作法

このように、隼人と九州における狩猟文化の関係はさまざまな観点から指摘することができる。しかし、さきの「託宣集」一六の地名起源譚が、隼人側のみならず、隼人制圧側の言説でもあることからして明らかなように、隼人の狩猟文化とそれ以外のまったく異なる文化との抗争図式を短絡的に描くべきではない。隼人制圧側にも狩猟文化が濃厚であったことは、豊後国の地の例からしてもすでに明らかである。そこで今度は、隼人制圧側の文化について、狩猟と戦い（殺しかた）と刑罰との諸関係から考え直してみたい。

そもそも、狩猟と人間同士の戦いとが不可分、ないし曖昧な関係にあったことは、市辺忍歯王《いちのへのおしはのみこ》（市辺押磐皇子）の射殺事件伝承（安康記、雄略即位前紀など）や、物部守屋大連軍の動向

（崇峻即位前紀）などからみて疑いないところである。狩猟を装って、その間に人を射殺したり、戦闘体制を狩猟行為にすりかえることなどがおこなわれている。

　このような関係は、さまざまな形をかりて、さらに記紀に散見する。たとえば、大和国宇陀郡の地を舞台にした戦いでは、「殿」をつくって「饗《あへ》」（食事）を設け、「押機《おし》」「機《おし》」のしかけを組んで他者をさそい入れ、圧死させる方法がとられたという（神武記・紀）。これは、禽獣を捕獲するオシ・オスのしかけが人殺しや戦いに適用されたか、あるいは認識上混同されたかをよく物語っている。とくに、狩猟に適した宇陀郡の地での伝承であることに注目したい。このしかけの呼称も、その地域のこととして矛盾はなく、九州では別にヤマと言うようである。[16]また、大来目《おおくめ》部《べ》が忍坂《おしざか》邑に大室《おおむろ》（窨《むろ》）を掘り、その中に「宴饗」を設けて他者をさそい入れ、あわせて味方の戦士をも雑居させ、一時に他者を刺し殺し、天を仰いで笑ったという。そして、これが今の来目部歌の形態であると説かれている（神武即位前紀）。この伝承も、オシ・オスの場合と類似して、穴を掘って中に竹槍を数本立てて禽獣を捕獲する狩猟形態との著しい混同ひいては転化であることは明らかである。[17]いずれにも登場する「饗」が、獲物をさそう餌にあたることは言うまでもない。また、狩猟をよくする来目部のそれが人間同士の実戦に新戦法として取りいれられ、かなりの戦果をあげたことがあったとみることも許されよう。「葛網《かづらのあみ》」を用いた戦法も、やはり狩猟の形態に由来しよう（神武即位前紀）。

このような関係は、具体的な殺しかたの作法にもあらわれてくる。たとえば、小碓命《おうすのみこと》（ヤマトタケル）のクマソ征討行為として、「引闕《かき》其枝、裹薦《つつみこも》投棄（その枝〈手足〉を引きかき、薦につつみて投げ棄《う》つ）」と語りつがれ、また、熊曾《くまそ》の衣の衿《くび》をとって、釼《つるぎ》をその胸より刺し通したり、あるいは背の皮をとり、釼を尻から刺し通して、ついに「如熟苽《ほそぢ》振折而殺也（熟苽のごとく振り折きて殺すなり）」とも伝えられる（景行記）。これらが、獲物の解体を含む狩猟の各種作法に由来することはほぼ明らかであり、一面ではクマソの狩猟生活を物語ろうが、一面では一部で（クマソというわけでは必ずしもない）人間同士の作法に転化された可能性があろう。

以上にみられるような関係は、さらに広範に、かつ後次的にも認められる。たとえば、物部守屋大連の資人《つかいびと》捕《と》鳥部万《とりのよろず》は、彼自身、氏姓のとおり鳥獣の捕獲を平生おこなっていたはずであるが、戦いに破れて敗走するとき、弓矢・剣、そして犬を帯して馳猟をよそおうが、ついに自尽してしまう。ところが、この万の「死状」を河内国司が朝庭に牒上したところ、朝庭から符が下って、「斬之八段、散梟《くしさせ》八国（これを八段に斬りて、八つの国に散らし梟せ）」と命じたという（崇峻即位前紀）。これは、獲物を切断・解体して串刺しにしてかかげる狩猟儀礼・民俗に酷似しており、それが戦勝儀礼に転化したものとみることができる。しかも、のちの国司がこのような儀礼に関与したらしいことをも示唆していよう。このような転化は、同時期のものとして伝えられる山猪《いのしし》の頸と人間の首との類推方法（崇峻紀五年十月丙子条以下）からしても、容易にうなずける。これは、山猪を献上された天皇が、山猪の頸と同じように自分の首も切り落とされるのではないかと恐怖した伝承である。

このような認識と作法は、壬申の乱のときにも認められる。すなわち、大海人皇子側の将軍たちは、自経した大友皇子の頭を捧げて、不破《ふわ》宮の本営に献じたというのである（天武紀元年七月乙卯条）。この乱には、大伴朴本連大国《おおとものえのもとのむらじおおくに》を「猟者之首《かりびとのひとごのかみ》（狩猟者たちの指揮者）」とする甘羅《かんら》村（大和国宇陀郡の地）周辺の「猟者廿余人」も参軍しており、たしかに、狩猟と人間同士の戦いを厳密に区別することはできそうにない（天武紀元年六月甲申条）。

しかし、このような作法は日本列島に限られるものではなかった。たとえば、百済の兵は鉾《ほこ》をもって高句麗の勇士を刺し、馬からそれをおとして首を斬り、その頭を鉾の末に刺し挙げて還り、衆軍に示したという。このとき、百済の兵らは歓呼の声をあげ、それは天地が裂けるかのようであったと伝えている（欽明紀十四年十月己酉条）。ただし、このような作法に関して、日本側の資料は高句麗や新羅の例を伝えることがない。たとえば、百済聖明王は新羅の兵に首を斬られて殺されたが、それは坎《あな》を掘って埋められたり、北庁《ほくちょう》（北の政庁）の階下に埋められたという（欽明紀十五年十二月条）。新羅では、斬って地（沙）中に埋めることがあったようであり（神功摂政前紀一云）、類似の例は日本列島のこととして『古事記』安康段、『日本書紀』顕宗即位前紀などにも伝えられる。

もっとも、このようなちがいについては、殺すことに至る事態の差異、たとえば刑罰的な意味が濃厚か、秘密性が色濃いかなどによって生じることも考えられる。事実、同じ百済でも、刑罰的な意味を帯びた場合は「斬而醢首《すし》」（斬りて首を醢にす）と伝えられる例もある（天智紀二年六月条）。しかし、百済聖明王に対する新羅の先の対応は、とくに刑罰的とか秘密的というわけではないから、斬った頭を鉾の末に刺し挙げて披露し、歓声をあげるという先の百済の場合と比較が可能であり、かつ、その差異がむしろ浮き彫りになってこよう。

ただし、新羅側の金庾信《きんゆしん》は相手の将軍を斬って、「提其首而来（その首をささげて来たる）」と伝えられ、高句麗の蓋蘇文《がいそぶん》は王を殺して、「断為数段、棄之溝中（断ちて数段となし、これを溝中に棄つ）」と伝えられる（『三国史記』金庾信伝上・蓋蘇文伝など）[18]。これらには、あるいは狩猟文化、あるいは百済との類似性がうかがえるかもしれないが、少なくとも日本側に意識的に伝えられたり、記憶された形跡はなく、やはり先の百済に関する『日本書紀』の記述は特徴的な意味を持とう。

このことは、鷹狩りが百済から伝えられたといわれていることとも相関しよう（仁徳紀四十三年九月庚子朔条など）。事実、『三国史記』百済本紀には、高句麗本紀とともに狩猟の記述が多いのである。なかでも鹿の捕獲例が多いが、射台（西台）で弓射をならわせたり（比流王十七年八月条以下）、新羅に白鷹を送ったりしている（毗有王八年九月条、新羅本紀訥祇麻立千十八年九月条）。この白鷹のことは百済・新羅の両本紀で一致しており、いわば和平の記号とされたものである。五世紀前半のとくに百済において、狩猟（鷹狩り）と人間同士の戦いとが相関的に認識されていたものと考えられる。六・七世紀の間にあたる法王元年（六〇〇）十二月の条に至ると、殺生禁止の理念のもとに、民家で養うところの鷹と鶬《はしたか》が放たれ、漁猟の具が焚《や》かれたという。百済でいかに鷹狩りがさかんであったかを、これはよく物語っていよう。

すると、狩猟と人間同士の戦いが交錯したところの殺しかたの作法の一部は、百済から伝えられたところもあったのではないかと思われてくる。とくに、頭（首）などを串刺しして高くかかげ、歓声をあげたり笑ったりするのは、その可能性があろうか。あるいは、百済と共有する作法であったと言うべきなのであろうか。

## 四　物部の生業と文化の伝統

この狩猟と人間同士の戦い（殺しかた）の未分化な作法（認識）は、刑罰の局面にも示されてくる。それは、『日本書紀』大化五年（六四九）三月庚午条の記述に端的にあらわれている。すなわち、蘇我倉山田麻呂大臣の変において自経した大臣の頭を、物部二田造《ふたたのみやつこ》塩《しお》が斬り、「抜大刀、刺挙其宍、叱咤啼叫《たけびさけびて》、而始斬之（大刀抜きて、その宍を刺し挙げ、叱咤び啼叫びて、いましこれを断る)」というのである。これは、すでにみた捕鳥部万や大友皇子、あるいは百済の例と同じように、ただ殺すこと、生命を断つことを遂行したものではなく(生命体としては、自経などですでに死んでいる)、その死を確認し、披露する儀礼なのであって、狩猟のそれと戦勝のそれ、そして刑罰のそれが錯綜したものにほかならない。

その遂行者が、物部二田造塩という人物であったことは重要である。そもそも、物部が刑罰にたずさわることは、『日本書紀』雄略七年八月条に初見し、これ以後、雄略十二年十月壬午条、雄略十三年三月条、雄略十三年九月条と続いて雄略紀に集中する。しかし、舒明即位前紀にも絞死《こうし》を執行する来目物部伊区比《くめのもののべのいくひ》のことが伝えられており、先の物部二田造塩へと至ることになる。

このような物部は、物部目《もののべのめ》大連に統率されていたという起源譚をもつが、同時に、筑紫聞《つくしのきくの》物部大斧手《もののべのおおのて》もその統率下にあったといわれている(雄略紀十八年八月戊申条)。この大斧手は、楯と二重の甲をもって箭をふせぎ、楯をもって目連をおおいかくして、伊勢の朝日郎に勝利し、目連の競合相手の物部菟代《うしろ》宿禰の所有する猪使部《いつかいべ》を目連に付すことになったという。ここに登場する大斧手は、狩猟者というよりも重厚な武具を帯した戦士にほかならないが、猪使部の奪取はなお狩猟文化・生活を色濃く付帯させていよう。また、物部勢力の競合のなかで、伊勢の地をひとつの足がかりにしながら台頭した物部目連が、一方で筑紫聞こと豊前国企救《きく》郡の地の物部をも統率下に置いていたことがわかる。

この筑紫の物部は、朝鮮半島にも渡って対新羅戦に名を残した。火箭《ひのや》を射る名手と伝えられた竹斯《つくし》物部莫奇委沙奇《まかわさか》がその人である（欽明紀十五年十二月条）。「有能射人、筑紫国造（よく射る人、筑紫国造というものあり）」といわれ、鞍橋君《くらじ》とも別称された人物は、おそらくこの筑紫の物部（莫奇委沙奇）であろう。とくに六世紀前半の北部九州でおこった筑紫君磐井の乱後は、企球郡の地周辺を拠点とした物部系の勢力が国造として朝鮮半島などからも認知されるような軍事組織に成長していたものと思われる。しかも、これは百済の兵らが狩猟と不可分の儀礼を実戦でおこなっていた時期とよく重なっており、企球郡の地周辺の物部が、みずからの狩猟文化を踏まえつつも百済での作法の影響をこうむりながら、人間同士の戦いにおいても刑罰的な作法においても、頭などを串刺しして高くかかげ、叫び笑うなどの儀礼的な行為を占有的におこなうことがあったのではないかと思われる。

初めにみた物部二田造塩は、この筑紫の聞（企球）物部にきわめて近い存在であった。兵杖を帯して天降供奉したいわれる「天物部等二十五部人」のうちに、二田物部と筑紫聞物部とがそろって加えられているのである（「天神本紀」）。また、「天物部《あまのもののべ》」を率いる「伴領《とものうながし》」として二田造が伝えられており（「天神本紀」）、藤原宮木簡でも「二田物部広□」の墨書が発見されている[19]。さらに、平城京二条大路木簡からは、「物部聞島麻呂」の活動がうかがえ[20]、奈良時代になっても、聞（企球）物部集団は連綿と続いていたことがわかる。

ついで、さきの「天物部等二十五部人」のなかには、筑紫贄田《つくしのにえた》物部も入っており、「天神本紀」は別に筑紫弦田《つるた》物部の存在を伝えている。これら聞物部、二田物部、贄田物部、弦田物部は、いずれも九州北部ひいては北東部に依拠した物部であった。このうち、聞物部は既述のように豊前国企球郡の地に依るものであるが、筑紫君磐井の乱以前から九州における先駆的な物部として位置づけられていた。磐井の乱後は、筑紫国造として認識されるほどの軍事的成長をみる。

二田物部は、筑前国鞍手《くらて》郡二田郷の地ひいては筑後国竹野《たかの》郡二田郷の地に依り、贄田物部は筑前国鞍手郡新分《にいきた》郷の地とのかかわりが想定されようか。弦田物部については、明らかでない。このうち、贄田というのは、『播磨国風土記』賀古郡条に、「造贄殿之処、即号贄田村（にへどのを造るの処を、即ち贄田村と号す）」というから、鳥獣類や魚介類を加工したり保存したりする施設とかかわりがあって、いわゆる贄の捕獲から管理にあたったのが贄田物部であろう。ついで、二田物部の二田は、郷名としては、一応「フタタ」と呼ばれている。しかし、志摩国英虞《あご》郡二色郷の二色は「丹敷」（神武即位前紀）とも「錦」（『皇太神宮儀式帳』『神鳳抄』）とも表記されて「ニシキ」と呼ばれたらしく、備中国下道《しもつみち》郡迩磨郷の迩磨は「二万」（藤原宮木簡、三善清行の意見十二箇条）とあらわされて「ニマ」と言う。今、これらを参考にすると、二田を「ニタ」と呼んだ可能性もあろう。この「ニタ」は、『出雲国風土記』楯縫《たてぬい》郡沼田郷条にみえる「爾多」のことであり、同じく仁多郡条にも説くとおり、湿地帯をいう。「爾多志枳《にたしき》小国」をなしていたということにもなるが、必ずしも水田地帯というのが本義ではなく、「爾多水」を得るところであった。そして、このような「ニタ」は、柳田国男の『後狩詞記』を引くまでもなく、猪などが水を求めて来る山腹の湿地であり、飲むだけでなく、全身を浸して泥土を塗ることもする。そこで、猪などの棲息を確認したり、捕獲したりするのであり、伊豆の仁田などもこれであろう。すると、この二田物部も狩猟に由来する呼称となり、物部二田造塩の行為もまことに理解しやすい。なお、弦田物部の弦田も、狩猟の弓弦に由来する呼称であろうか。味が最美である猪の首の肉を「ツルマキ」と言うが、それは輪切にしたところが絃巻に似ているからだ[21]という。

このようにみてくると、二田物部、贄田物部、弦田物部は、いずれも等しく狩猟の生業に立脚していた可能性が大であり、同時に朝鮮半島などにおける実戦に動員されるとともに、一部はその占有的な技能・作法をもって刑罰的な行為の遂行者に選抜されたものと考えられる。

およそ以上の検討からして、物部と狩猟文化の緊密なかかわりが明らかになった。それは、人間同士の戦いから刑罰的な作法にまで及ぶ。しかし、九州における物部の軌跡は以上に尽きるものではない。筑前国島郡川辺里の物部（大宝二年戸籍）、筑後国生葉《いくは》郡の物部（『和名抄』）、豊前国仲津郡丁里《ていのり》の物部（大宝二年戸籍）、豊前国上毛《かみつみけ》郡塔里《とうのり》の物部（大宝二年戸籍）、そして豊後国直入《なおいり》郡の物部（景行紀十二年十月条）、肥前国三根郡の物部（『肥前国風土記』「和名抄」）などがさらに確認できる。だが、ここではこれ以上、詳述しないことにしよう。

## 五　叙勲と獲首

このような物部の文化は、六世紀以前にまで一部遡るはずであるが、八世紀の筑後国が鷹・鷹養人・犬を貢上しつづけたように、その痕跡には根強いものがあった。これは、筑後にいた物部系の水間《みぬま》君が、かつて新しい鷹狩を流布させた歴史を継承するものである。また、大宰少弐藤原朝臣広嗣の乱のとき、政府鎮圧軍に加わった豊前国下毛郡擬少領《ぎしょうりょう》の無位《むい》勇山《いさやまの》伎美麻呂《きみまろ》も、かつて物部大連尾輿に率いられていた胆狭山部《いさやまべ》の一員であった。彼らの居生する地域は、狩猟で知られていたのである（『託宣集』五）。

さらに、『続日本紀』養老元年三月癸卯条は、左大臣石上朝臣麻呂の薨去について、わざわざ「大臣、泊瀬《はつせ》朝倉朝庭《あさくらのみかど》大連物部目之後、難波朝《なにわのみかどの》衛部《えぶ》大華上《だいけじょう》宇麻乃《うまの》之子也」と記録している。この記述は、養老年間に及んでも、聞物部を初めて率いた目大連の存在とその系譜がなお語りつがれており、人々の意識に深くきざみこまれていたことをよく物語っている。

この系譜の中の宇麻乃は「天孫本紀」にみえる馬古《うまこ》にあたり、系譜上も基本的には矛盾しない。そして、すでにみた物部二田造塩による実戦的・狩猟的・刑罰的な殺しの作法は、この孝徳朝の衛部であった宇麻乃の職掌下にあり、宇麻乃はこのような二田物部を編成していたものとみてよい。そして、その子の麻呂は、『日本書紀』『続日本紀』によると、持統三年（六八九）九月に筑紫につかわされて「新城《にいき》」を視察し、文武四年（七〇〇）十月には筑紫総領となる。この任命は、中央政府の調査団である覓国使《くにまぎ》に反抗した隼人（肥人を含む）を処理するためのものであった（『続日本紀』文武四年六月庚辰条）。その後、大宝二年八月にあらためて大宰帥に任じられ（大納言兼官）、慶雲元年（七〇四）正月には右大臣になっているから、この時点までは少なくとも大宰帥を兼ねていたはずである。彼のあらためての大宰帥就任は、ちょうど大宝二年の隼人制圧直後であり、政府側の将兵らに勲位を授け、彼らへの優遇策を打ち出したのは、すべてこの大宰帥石上朝臣麻呂のつよい発言と介入を待ってのことであった。

大宝二年の隼人制圧、そしてその後の軍事行動には、聞物部以来、少なくとも二田物部に至るまでの文化が脈々と生きていたものと考えられる。この九州の物部が豊前国企球郡の地を発端にして筑前国鞍手郡の地を有力な依拠地としながら、筑後国・豊前国、そして肥前国と豊後国の一部へと浸透したのは、いかにも隼人制圧のひとつのありかたを物語っていよう。

また、すでに触れた和銅六年の隼人制圧に貢献した将兵らへの授勲は一二八〇余人に及んだが、養老四年の戦いで得た隼人の首と捕虜は一四〇〇余人であったといわれている。これは時期がそれぞれ異なるので、単純に比較すべきではあるまいが、政府軍の授勲者の数と、隼人の首・捕虜の数とに大差はなく、後者の方が少し多いというのは、注目すべきところである。

そもそも軍防令申勲簿条《ぐんぼうりょうしんくんぼじょう》によると、戦争では「勲状《くんじょう》」「勲状功帳《くんじょうこうちょう》」（義解《ぎげ》）と「戦図《せんず》」とが報告提出され、これをもとに授勲がおこなわれることになっていた。この報告提出の主体については特に明記するところがないが、さきの捕鳥部万に関する河内国司の対応伝承からして、基本的には国司であり、いわゆる九州地域の大宰管内ではさらに大宰府を想定しておかなければなるまい。その意味からすれば、すでに検討した豊前国守宇奴首男人も、隼人制圧の勲簿作成に関与したことになろう。

一方、右の「勲状」「勲状功帳」の記載にあたっては、「兵士姓名、斬首若干級」などを報告するようになっていた。つまり、どの兵士が、どれほどの首を斬って持ち帰ったのかということに多大な関心が注がれたのである。

この斬首の数に多大な関心が注がれたことについては、同じく軍防令叙勲条の義解に明らかなところである。すなわち、叙勲の名簿作成にあたって歴名がつくられるわけであるが、大枠としては先鋒・次鋒の隊序列で歴名の次第がきめられることになっていた。しかし、ここには大将の任意の発言が大きく左右しており、たとえば「斬首《ざんしゅ》五《ご》級已上《きゅういじょうを》、為上勲《じょうくんとし》、四級以下《よんきゅういかを》、為次勲《じくんとす》」というような命令が下されていた場合には、斬った首の数によって先鋒・次鋒の序列が入れかわることも許されていたのである。

このことは、授勲がその人ごとの斬首の数に大きく依存していたこと、しかもそれは、そのつどそのつどの制圧軍指揮者の任意の判断にゆだねられるとともに、指揮者側と将兵一般との、あるいは将兵相互の意欲的な、法制度さえも超えた約束了解事に大きく立脚するところのものであったことを示唆している。

さきの隼人制圧軍の授勲者数と隼人の首・捕虜数との関係は、授勲者一人につき首（捕虜をも含む）一級というおよその対比を示しているが、一部、一人の授勲者が複数の首を得たこともありえたことになる。しかしいずれにせよ、非制度的な約束了解事に依存すること大の斬首への並々ならぬ関心が、大宝二年の隼人制圧からにわかに生じてきたはずはないのであって、やはり九州の物部の狩猟生業に根ざした実戦上の、刑罰上の伝統的な戦い（殺しかた）の作法が脈々と継承されていたことを考えないわけにはいかない。そしてそれは、狭義の物部に限定されることではなく、北部九州全体の歴史的環境のひとつの要件になっていたはずである。

しかし、誤解をさけるためにあえて付言するなら、さきのような九州の物部とて、大和・河内（和泉を含む）方面の物部と大王権との交渉、ひいては朝鮮半島との交流によって成り立っていたのであり、けっして孤立した特異な環境と風土を生み出していたわけではない。

【注】

（1）野村忠夫「美濃守としての笠朝臣麻呂」（『岐阜史学』69　一九七九年。のち同『古代貴族と地方豪族』吉川弘文館　一九八九年に収録）

（2）有川宜博「宇佐宮放生会創設試論」（『九州史研究』58　一九七五年）

（3）養老職員令には主鷹司とあるが、藤原宮木簡（奈良県教育委員会編『藤原宮』一九六九年）、天平十七年四月二十一日付兵部省移（大日本古文書二の四一七）などには放鷹司とするから、少なくとも大宝令制下では放鷹司とされたのであろう。

（4）中村明蔵『熊襲・隼人の社会史研究』（名著出版　一九八六年）三一〇頁以下

（5）小野重朗「民俗にみる隼人像」（同著作集、南日本の民俗文化5『薩隅民俗誌』第一書房　一九九四年）

（6）堀田吉雄『山の神信仰の研究』（伊勢民俗学会　一九六六年）二一六頁以下。千葉徳爾『狩猟伝承』（法政大学出版局　一九七五年）二五六頁、二六〇頁など

（7）千葉徳爾『狩猟伝承研究』（風間書房　一九六九年）一八三頁以下

（8）千葉徳爾『狩猟伝承研究　補遺篇』（風間書房　一九九〇年）七九頁以下。同『狩猟伝承研究』総括編（風間書房　一九八六年）二一九頁以下

（9）前掲注（7）二〇九頁以下

（10）千葉徳爾『狩猟伝承研究　後篇』（風間書房　一九七七年）八五頁以下

（11）小野重朗『農耕儀礼の研究』（弘文堂　一九七〇年）。同「地域民俗文化の分析」「民俗にみる隼人像」

（同著作集、南日本の民族文化5『薩隅民俗誌』第一書房　一九九四年）
(12)　中村明蔵『隼人の研究』（学生社　一九七七年）二五二頁以下
(13)　今泉隆雄「平城宮出土の西海道木簡」（九州歴史資料館開館十周年記念『大宰府古文化論叢　上』吉川弘文館、一九八三年）。
(14)　中村明蔵「隼人の名義をめぐる諸問題」（『隼人文化』20　一九八八年、のち同『隼人と律令国家』名著出版　一九九三年に収録）。
(15)　前掲注(14)
(16)　前掲注(6)千葉徳爾著四五頁以下
(17)　前掲注(6)千葉徳爾著
(18)　なお、『三国史記』新羅本紀武烈王七年八月二日条は「以四支解、投其尸於江水」との新羅における刑罰を伝えている。
(19)　大和歴史館友史会『藤原宮跡出土木簡概報』（一九六八年）
(20)　奈良国立文化財研究所『平城宮発掘調査出土木簡概報　30』二条大路木簡四（一九九五年）
(21)　柳田国男「後狩詞記」（『柳田国男集　二七』筑摩書房　一九七〇年）

# 野地の開発と狩猟的文化の解消

## 一　八幡と鷹

八世紀初めの隼人制圧戦に収斂された生業文化と意義は、矛盾をかかえながらも、つぎの歴史を受け容れなければならなかった。それは、さきに述べた隼人制圧戦の展開と同時におとずれていた。

そこで第一に、ふたたび『八幡宇佐宮託宣集』五の伝承が注意される。それによると、大菩薩（八幡）の初源的な化身は鷹とされており、その荒らぶる心が往還の人々を殺傷するので、それを鎮めまつったところが鷹居瀬社《たかいせしゃ》であったという。さらにまた、この化身の鷹は犬を召して、豊前国下毛郡《しもつみけ》諫山郷《いさやま》の南の高山に飛翔するともいうが、この高山は猪山《ちょさん》の上に位置しているとされ、この伝承が物部と深くかかわる諫山郷の地および胆狭山《いさやま》（勇山）部の狩猟文化を不可欠な要件として成り立っていたことは明らかである。

一方、当該地域が狩猟に適していたことについては、『日本後紀』延暦十八年（七九九）二月乙未条の和気朝臣清麻呂薨伝や『和気清麻呂伝』などから知ることができる。すなわち、清麻呂が八幡を拝するにあたり、豊前国宇佐郡楉田《しもとだ》村の野猪《のじし》三〇〇ばかりが路をはさんで整列し、その参詣を先導したというのである。このことは、のち「託宣集」九にも語りつがれていくが、逆に、「託宣集」の記述に傾聴すべきところが少なくないことを教えてくれもしよう。また、「託宣集」五によれば、養老四年の隼人制圧戦のとき、豊前国下毛郡野仲（郷）の勝地《しょうち》たる林間の宝池で薦を刈り、八幡行幸（出兵）の御験《みしるし》にしたというが、この地は、薬草・果実が豊かで、禽獣のよく集まるところであったとする。

ところが第二に、八幡の化身たる鷹は荒らぶる心として超克されなければならないものとみられており、現にそれは移坐《いざ》という形でさらに示されていく。それは、必ずしも鷹とその文化を否定するというのではなくて、その鷹を飼いならす、あるいは鷹を取りこむところの後次的な、もしくはより複合的な文化の出現を示唆しているのであり、この点は、清麻呂を導く馴養《じゅんよう》な野猪の行列にも等しく表現されるところである。

## 二　法蓮の登場

この展開は、僧法蓮らへの施策を考えると理解しやすい。『続日本紀』によると、大宝三年（七〇三）九月に法蓮は医術を褒賞されて「豊前国の野卌町」を施された。ついで養老五年（七二一）六月には、やはりその医術と「済治民苦」を褒賞して、法蓮の「三等以上の親」に宇佐君姓を賜わったのである。

右のうち、まず野の四〇町というのは、四町（二〇〇〇代《しろ》）の一〇倍であり、すでに指摘されているように古い代制の残影を色濃くひきずっている。(1) すなわち、大宝令施行以前の代制の最期的な認識にもとづくものであり、二万代（頃）＝四〇町ということにほかならない。

この法蓮に施された野四〇町は、狩猟場を含む野・原の地であり、医術と天皇家（太上天皇、皇子らと後宮内廷を含む）と戦乱などに何らかの関係と原因をもつ破格の功への褒賞であった可能性がある。そして、この町（代）数は、県主や国造が保有する土地区分単位にふさわしい（『日本書紀』安閑元年閏十二月壬午条など）。事実、法蓮の三等以上の親族に宇佐国造に相当する宇佐君姓が賜与されたのである。これは、父系・男系としての宇佐君を確定するとともに、(2) のち尾張宿禰大隅の賜（功）田四〇町（『続日本紀』天平宝字元年十二月壬子条など）に対する措置と同じように、三世に伝える上功田の扱いに准じることをも意味するのであろうか（田令功田条）。いずれにせよ、あらたに定立された宇佐国造家の指標として豊前国の野四〇町が認識されたことは間違いないところである。また、山野の禁猟地指定区に二万項の例（『日本書紀』持統三年八月丙申条）があることからすれば、大王・天皇家の権益が介在していた可能性もある。

今、この破格の功としての賜田の原因を全面的に検討する余裕はない。ただ、当面の課題からすれば、この法蓮とその親族の褒賞措置が、大宝二年と養老四年の隼人制圧戦の画期に重なること、ついで、持統太上天皇の死（病）ひいては葬儀と元明太上天皇の重篤とによく重なることが注意されよう。いずれも、医術への関心が高まる時期であるが、この「済治民苦」とも連動する医術と野の賜与には、果たしてどのような関係があるのであろうか。

## 三　環境と風土の変化

そこで、この野四〇町の開発となると、まず医術との関係が想定されてくる。そもそも、大宝僧尼令卜相吉凶《ぼくそうきっきょう》条によれば、仏法による持呪（経呪）と道術符禁と湯薬による救療行為は僧尼に認められていた。(3) このうち、法蓮と称する彼が、『妙法蓮華経』のなかの呪文をよく唱えたことは想像に難くない。(4) しかし、狭義の医術としては、やはり湯薬の駆使を優先して考えるべきであろう。そして、この湯薬は、太上天皇の病気平癒にかけてよくほどこされるとともに、その処方としては、水陸両田を問わない米・粟を始めとする穀物や一部の蔬菜類を粥状に煮たり煎じたりすることが知られている。(5) すると、隼人制圧戦における戦傷者の救療ともからんで、水田に限らず、雑穀一般から蔬菜類にかけての生産・栽培に向けて野の開発がすすめられた可能性があろう。これらはまた、平生の食生活にも資するわけであるから、広く「済治民苦」ということになる。

この点、すでに紹介した下毛郡野仲郷の地における薬草・果実の繁茂と、この地への豊前国守宇奴首男人の介入伝承とは、野の開発に通じる局面が認められる。しかし、宇佐郡の葛原《くずはら》郷の地も、この地名が葛に由来するなら、やはり野の開発の候補地になろう。葛は、根のほかに穀・葉・花なども薬として用いられている（『本草経集注』四、(6) 藤原宮木簡など(7)）。

また、葛葉とともに食用される蕨（大日本古文書一五の四五八など）も、下毛郡あたりに豊かであったらしい。なぜなら、下毛郡擬大領《ぎだいりょう》の蕨野勝宮守《わらびののすぐりみやもり》が知られているからである（『類聚国史』五四・節婦の天長四年正月丁亥条）。さらに、京都郡大領の楉田勝勢麻呂《しもとだのすぐりせまろ》がおり（『続日本紀』天平十二年九月己酉条など）、この一族はやがて大神楉田朝臣《おおがのしもとだのあそん》姓を賜わる者を出していくが（『続日本紀』宝亀七年〔七七六〕十二月庚戌条）、宇佐郡にも楉田村があった。この楉は必ずしも個別名をもつ草木ではなく、若い小枝のことであるが、これをもって棚・案《つくえ》をつくり、祭《さい》物《もつ》をのせて神事に用いるようになる（『延喜式』臨時祭・木工寮、『播磨国風土記』賀古郡条など）。また、扉などをも編むという（『延喜式』践祚大嘗祭）。

さらに、すでにみた下毛郡野仲郷の地の池周辺に育つ薦も、野のありかたにとって参考になる。薦は食用にも活用されるが（大日本古文書一六の二九九など）、ものを裹《つつ》む用途があって、神事の幣物を裹む「裹《つつむ》葉《は》薦《こも》」、敷物にする「陳敷《のべしき》葉薦」「安巻《しきまく》葉薦」などがあって、苅《か》り蒋《こも》をめぐる争いまで生じることがあり、蒋沼《こもぬ》の占定さえおこなわれていたのである（『延喜式』四時祭・践祚大嘗祭・掃部寮、『播磨国風土記』飾磨郡安相里条など）。

さしずめ以上のように、法蓮らに賜与された野は、湯薬になる雑穀・蔬菜類（たとえば葛、蕨、薦などを含む）等の生産督促に向けて開発され、また地域の特殊性として、神事にかかわる草木の育成にも開発が期待されたものと思われる。このうち薦と葛は、とくに豊前国の中男作《ちゅうなんさく》物《もつ》（二十歳以下十七歳までの青年男子、のちには二十一歳以下十八歳までの青年男子にかけた税品目）として貢進されるものであり、防壁（立薦《たつこも》）(8)、韓薦《からごも》、折薦《おりごも》、そして黒葛《つづら》などが著名であった（『延喜式』主計上）。韓薦は、渡来系の産物であろうか。いずれにしても、下毛郡野仲郷の地の薦や宇佐郡葛原郷の地の葛は、野・原の開発にともない、食用として、薬として、日常的かつ神事上の調度加工品として、そして貢進物として多様な用途をもつに至った。

さらにまた、豊前国の郷名に限って言えば、築城《ついき》郡の桑田郷、下毛郡の麻生《あそう》郷、宇佐郡の野麻《のま》郷などは、桑や麻の栽培にかかわる命名かもしれない（野麻はヤマ・山の単なる音表記かもしれない）。なお、これは日向・大隅・薩摩の各国に関することではあるが、風雨による桑・麻の被害（台風か）で、調庸の貢進ができないこともあり、調庸という徴税の側面と野・原のあらたな開発とのしくみも充分に配慮しておかなければなるまい（『続日本紀』天平神護二年〔七六六〕六月丁亥条、宝亀六年十一月丁酉条）。

この点、大宰管内の特徴として見逃すことができないのは、やはり調（庸）綿（真綿《まわた》であり、桑の栽培とも関連する）と紫草《むらさきぐさ》の生産であろう。染料としての紫草は、実は薬草の機能もあり（『本草経集注』四）、その生産と徴税の督促は同時に薬による「済治民苦」にもなりうるという論理であった。

綿に関しては、今日、豊前国の場合、宇佐・下毛・仲津の各郡の調綿が平城宮木簡から知られており、年紀は養老某年から天平三年に及んでいる[9]。この大宰管内からの調綿であることを記した平城宮木簡全体の年紀は、今のところ養老二年を遡らないようであるが、養老年間のものはけっして少なくないのである。天平元年には、大宰府貢綿もようやく軌道に乗ることになるから（『続日本紀』天平元年九月庚寅条[10]）、およそ養老・神亀年間にその生産・収取体制が整備され、その前にはさらに準備期間があったはずである。これは、法蓮らの野の開発期間によく重なっている。

一方、紫草については、あらたに大宰府不丁《ふちょう》地区木簡や平城京二条大路木簡などによって知見が深まりつつあるが、その生産と貢納は、日向・大隅・薩摩の各国にも及ぶ大宰管内全域にほぼわたっていた。不丁地区木簡から推定されるその上限は、およそ和銅年間をくだらない頃であるといわれている。[11]また、この紫草は「野の土埆《や》せたり、然して紫艸《むらさき》生《お》ふ」といわれ（『常陸国風土記』行方郡条）、水便のない作田困難なところに「紫薗《むらさきのその》」（『託宣集』七など）が設けられているから、野における紫草園化は比較的容易であったろう（天平九年の『豊後国正税帳』では、球珠《くす》・直入《なおいり》両郡が知られる）。いずれにせよ、これも法蓮らの野の開発期間と重なるところがあるのである。

法蓮らへの、宇佐国造家認定ともからむ野の賜与と開発は、一部で神事祭祀（八幡）に関係するという特殊性が認められるとしても、大宰管内（とくに北部）の八世紀初期の、いわば隼人制圧期の生活と文化の変容やしくみの一端をいささか具体的に見渡せる好事例と言えよう。そして、ここには、狩猟の生業や文化に依拠した歴史の環境と風土が、大きくかわっていく姿がみられる。それは、景観も含む、まさに環境と風土の変容であり、人々の生活と意識に複雑な影響を及ぼさないはずがない。

## 四　矛盾の克服

このような環境と風土の変容は、一面で隼人制圧戦の動きに反するところがあるかのようである。もちろん、先のような環境と風土の変容を隼人らにも強いて、その中にとりこもうとする限りにおいて、隼人制圧戦の遂行には充分な整合性が認められてよい。しかし、七世紀以前から連綿と継承されてきた狩猟的・実戦的そして刑罰作法的な文化に依存しない限り、隼人制圧戦の遂行もまた不可能であったはずである。

もっとも、日向・大隅・薩摩各国の地における一部の将兵（隼人も含む）に戦闘力を依存しつつ、あらたな環境と風土の変容を遂行する意味からも北部九州の人々を南部九州に移住させるということで、巧みに北部九州の将兵の戦闘意欲をかり立たせようとする循環効果が一応は想定できる。しかし、それだけで戦いを実施することはできまい。そこで、宇佐国造家のあらたな認定もからんだ八幡神の整備台頭、そして何よりも勲位への関心を高め、官途への道をつなぐ方策などが打ち出されていった。しかし、ここにすでに矛盾を内包していたことは明らかである。

たとえば、『続日本紀』養老五年六月乙酉条の太政官奏《だいじょうかんそう》は、陸奥と筑紫の辺塞の民が戎役《じゅうえき》（筑紫は征隼人）に疲《や》み労《つか》れているので、調庸の一時的な免除、賦役の免除などを表明している。そして、さらに「考年（勲功評価の年数）を積むといえども、かへりて衣食に乏し」ということで「人々田に帰り、家々に穀を貯へよ」との方針を訴えた。すなわち、授勲と戦闘意欲と官途への道（課役免にかかわる）との回転サイクルを緊密化し、促進しようとすれば、逆に、人々の日常生活から貢納体制までゆらぐことになって、「帰田」政策を打ち出さざるを得なくなったのである。そして、本来の勲位のありかたとは別に、野の開鑿と「雑穀」の収穫の程度に呼応する授勲（加転を含む）の施策が表明されてくるようになる（『続日本紀』養老六年閏四月乙丑条太政官奏）。

これを大きく言えば、以下のような問題を含んでいたことになろう。

(1) 野の開発に代表されるように、広義の狩猟的文化を疎外・解体、ないし溶解して、あらたな国造家認知や神事祭祀の確定をテコにしながら、徴税・貢納体系とも呼応しつつ、雑穀（一部に稲作も含む）・蔬菜類そして各種貢納にも結び付く草木類などの生産・栽培が、人々の定住生活を強いる形で促進されていった。

(2) この方向は、南部九州へとすすむが、ここに狩猟的文化とのはげしい抗争が生じるとともに、この抗争を乗り越えるためには、北部九州に根強く残る狩猟的・対外的実戦、刑罰的作法の文化につよく依存しなければならなかった。

(3) このために果たした授勲をめぐる施策は、戦闘意欲をかりたてることにある程度の成功をおさめたかと思われる。

(4) しかし、一般兵士らにとっては、戦いに勝つこと自体が目的ではなく、ささやかな勲位を与えられて、本人あるいは子弟が国衙・大宰府あるいは平城京で初歩的な官途生活を送れるようになり、これまでの負担をいささかでも軽減したいと思い、いわば、都市化と官人化の文化に関心が注がれていく。

(5) そこで、これら野の開発文化と狩猟的文化と都市・官人文化との錯綜した関係と矛盾とが深まっていったのである。

こうなると、養老四年の隼人制圧戦はもはや限界に近く、勝敗とは別に、これが最後となる必然性をもっていたとみなければならない。問題の放生詔は、以上の諸矛盾を儒教的・仏教的な理念でおおいかくすとともに、それまでの隼人生活のみならず、隼人制圧の行為そのものがいかに狩猟的文化を原動力としていたかを吐露しつつ、その文化の解消ないし放棄を宣言し、つまりはこの隼人制圧が最後であることを表明したのである。たしかにそれは、深まりつつある諸矛盾のひとつの要件を除去する意思をもつものではあったろうが、あらたな課題をかかえた矛盾は容易に解消されるものではない。

【注】

(1) 岸俊男「方格地割の展開」(同『日本古代宮都の研究』岩波書店 一九八八年)

(2) 新川登亀男『日本古代文化史の構想』(名著刊行会 一九九四年)二七八頁

(3) 新川登亀男「湯薬恵施の諸問題」(竹内理三編『古代天皇制と社会構造』校倉書房 一九八〇年)

(4) 新川登亀男「日本古代における仏教と道教」(上)(下)(『東洋学術研究』18—3・4 一九七九年)

(5) 前掲注(3)

(6) 陶弘景『本草経集注 四』草木中品(南大阪印刷センター 一九七三年)による。

(7)『木簡研究』11 一九八九年

(8) 小敷田木簡にも「絞薦」「立薦」がみえ、何らかの祭祀に用いられたらしい(『小敷田遺跡』埼玉県 一九九一年)。

(9) 岡藤良敬「大宰府財政と管内諸国」(平野博之ほか編『新版 古代の日本 3 九州・沖縄』角川書店 一九九一年)

(10) 平野邦雄「大宰府の徴税機構」(竹内理三博士還暦記念会編『律令国家と貴族社会』吉川弘文館 一九六九年)

(11) 前掲注(9)岡藤良敬論文。倉住靖彦「大宰府の木簡—不丁地区出土木簡を中心に—」(『九州史学』88・89・90特集号 一九八七年)

【補注】

本章は、拙編『西海と南島の生活・文化』（名著出版　一九九五年）に収めた「豊国氏の歴史と文化」を改題・改筆したものである。

## あとがき

この本は、これまで多くの人に聞いていていただいたことや、それをもとに記述したものを少なからず収めている。今、一書をなすに当たって、これらにかなり手を加えた。新稿の序章をのぞいて、その初の公表が一九八〇年代後半から二〇〇〇年代までに及んでいるが、論旨や構想には、それなりの一貫性があるのではないかと思っている。引用資料のルビについては、読みやすさを優先して、とくに歴史的仮名遣いにする必要がない限り、現代仮名遣いとした。

私は、「今は山中、今は浜、今は鉄橋渡るぞと」の風景のなかで生まれ育った。山と海と島々にこもごも接し、七本の川が流れる山陽の中都市：広島である。その後、大都市：東京で暮らすことになるが、その間、広島とは一味違う九州の中都市：大分でも過ごした。このさまざまな環境と生業圏が濃密に交わる処々での生活が、「里の民・都市の民・山海の民」への均等な視野を私に授けてくれた。この本が、このような形で生まれた所以である。

今、還暦という節目の年を迎え、あらためて、自分の出生とその後の生活とに思いをめぐらしているところである。私は、原爆投下から二年後に生を得た。そして、「国破れて山河あり」の「山河」さえ危ぶまれた広島が、その「山河」と人々の生活を必死に取り戻していくなかで育った。いろんな意味において、それは、破滅した歴史の回復でもあったはずである。

その後、私は、三十余年にわたって、複数の大学で教育と研究に携わることができた。時代の最先端にいる若者に日々、接することは、時に辛くもあるが、実に楽しくもあり、彼ら・彼女らから学び続けて現在に至っている。ささやかな私の研究も、この現場からの啓発の賜物である。あらためて、感謝したい。

また、私の節目に理解を示され、この本の出版に尽力してくださった大修館書店の旧知の岡田耕二さんに、そして、関係の皆さんにお礼を申し上げたいと思う。

二〇〇七年八月

新川　登亀男

[著者略歴]

新川　登亀男（しんかわ　ときお）

一九四七年、広島市生まれ。早稲田大学大学院博士課程中退。大分大学講師、日本女子大学助教授を経て、現在、早稲田大学文学学術院教授。日本古代史、政治文化史、比較アジア史専攻。

主な編著書　『上宮聖徳太子伝補闕記の研究』（吉川弘文館　一九八〇年）、『日本古代文化史の構想』（名著刊行会　一九九四年）、『西海と南島の生活・文化』（編　名著出版　一九九五年）、『道教をめぐる攻防』（大修館書店　一九九九年）、『日本古代の儀礼と表現』（吉川弘文館　一九九九年）、『日本古代の対外交渉と仏教』（吉川弘文館　一九九九年）、『漢字文化の成り立ちと展開』（山川出版社　二〇〇二年）、『美濃国戸籍の総合的研究』（共編　東京堂出版　二〇〇三年）、『聖徳太子の歴史学』（講談社　二〇〇七年）など。

日本古代史《にほんこだいし》を生《い》きた人々《ひとびと》　里《さと》の民《たみ》・都市《とし》の民《たみ》・山海《さんかい》の民《たみ》

NDC210/vi, 235p/19cm

初版第一刷——二〇〇七年九月二五日

著者——新川登亀男《しんかわときお》
発行者——鈴木一行
発行所——株式会社大修館書店
〒一〇一-八四六六　東京都千代田区神田錦町三-二四
電話03-3295-6231(販売部)
03-3294-2353(編集部)
振替00190-7-40504
[出版情報] http://www.taishukan.co.jp

装丁者——井之上聖子
印刷所——壮光舎印刷
製本所——関山製本社

ISBN978-4-469-22191-6　Printed in Japan